Lektürehilfen

Liebeslyrik

von Kurt Binneberg

Klett Lerntraining

Dr. Kurt Binneberg, langjähriger Assistent am Germanistischen Seminar der Universität Bonn und Schulbuchautor.

In der Reihe Editionen für den Literaturunterricht ist erschienen:
Liebeslyrik, mit Materialien, ausgewählt von Adelheid Petruschke,
Leipzig/Stuttgart: Ernst Klett Verlag, 2006. ISBN 978-3-12-352427-1

Bibliografische Information der Deutschen Bibliothek
Die Deutsche Bibliothek verzeichnet diese Publikation in der
Deutschen Nationalbibliografie; detaillierte bibliografische
Daten sind im Internet über http://dnb.ddb.de abrufbar

Auflage 6. 5. 4. | 2012 2011 2010
Die letzten Zahlen bezeichnen jeweils die Auflage und das Jahr
des Druckes.
Alle Rechte vorbehalten.
Dieses Werk folgt der neuesten Rechtschreibung und Zeichensetzung. Ausnahmen bilden Texte, bei denen künstlerische,
philologische oder lizenzrechtliche Gründe einer Änderung
entgegenstehen.
„Das Werk und seine Teile sind urheberrechtlich geschützt. Jede
Nutzung in anderen als den gesetzlich zugelassenen Fällen bedarf
der vorherigen schriftlichen Einwilligung des Verlages. Hinweis zu
§ 52 a UrhG: Weder das Werk noch seine Teile dürfen ohne eine solche Einwilligung eingescannt und in ein Netzwerk eingestellt werden. Dies gilt auch für Intranets von Schulen und sonstigen
Bildungseinrichtungen."
Fotomechanische Wiedergabe nur mit Genehmigung des Verlages
© Klett Lerntraining GmbH, Stuttgart 2009
1. Auflage 2007
Internetadresse: http://www.klett.de
Umschlagabbildung: Edward Okun: Vignette zu Jan Kasprowicz,
Salve Regina, 1901
Satz: DTP Andrea Eckhardt, Göppingen
Druck: Druck Partner Rübelmann, Hemsbach
Printed in Germany
ISBN 978-3-12-923031-2

Inhalt

Einleitung 5

Historischer Überblick 8

1 Verlust der Harmonie
  Liebe im Gegenwartsgedicht 13

2 Flüchtige Begegnungen des Glücks
  Liebeslyrik der Moderne 24

3 „Eine schöne Kunstfigur"
  Liebesgedichte der Jahrhundertwende 39

4 Liebe und harmonische Partnerschaft im alltäglichen Dasein
  Poetischer Realismus des 19. Jahrhunderts 51

5 Liebe als Leiderfahrung
  Zu den Gedichten Heinrich Heines 59

6 Himmlische und irdische Liebe in der romantischen Poesie ... 67

7 Glück der Erfüllung – Glück des Entsagens
  Goethes Liebeslyrik 81

8 Tändelei und wahre Empfindung
  Liebeslyrik des 18. Jahrhunderts 98

9 Zwischen Sinnlichkeit und Moral
  Die poetischen Konventionen der Barockdichtung 111

10 Die höfische Verehrung der Frau
   Mittelalterliche Minnelyrik 123

Verzeichnis der Autoren, Gedichttitel bzw. -anfänge
und Quellen 138

Literaturhinweise 142

Prüfungsaufgaben und Lösungen 145

Einleitung

Das Motiv der Liebe gehört zum Grundbestand der lyrischen Gattung von Anfang an, und es hat in der deutschsprachigen Literatur vom Minnesang des Mittelalters bis heute nichts an Bedeutung verloren. Ihr zur Seite stellen kann man nur die Naturlyrik, mit der sie oftmals eine enge Verbindung eingeht. Wenn man die dichterische Gestaltung des Liebesmotivs innerhalb der Lyrik der verschiedenen Epochen untersucht, werden damit mehrere Ziele verfolgt.

1. Der Leser soll einen Einblick in die Vielfalt der Liebesauffassungen gewinnen, wie sie sich in der Dichtung herausgebildet hat. Dabei kann der Wandel des Motivs ebenso bedeutsam sein wie sein unverändertes Weiterwirken (motivgeschichtlicher Aspekt). *Motivgeschichtlicher Aspekt*

2. Das bei der Untersuchung zugrunde gelegte Verfahren – die Interpretation ausgewählter Gedichte aus verschiedenen Zeiträumen – vermittelt gleichzeitig einen exemplarischen Überblick über die unterschiedlichen Erscheinungsformen der Lyrik (gattungs- und epochengeschichtliche Aspekte). *Gattungs- und epochengeschichtliche Aspekte*

3. Entgegen der herkömmlichen Darstellungsweise nimmt die vorliegende Lektürehilfe die vertrautere Gegenwartsliteratur zum Ausgangspunkt des motivgeschichtlichen Gangs durch die Lyrik, um von da aus zum Fremden der ferneren Vergangenheit zurückzuschreiten. In gewissem Sinne entspricht das einem ‚natürlichen' Verstehensprozess, der stets von bekannten Erscheinungen ausgeht und danach das Unbekannte erschließt. Der literarhistorische Zusammenhang kann dann bewahrt bleiben, wenn man ihn, gleichsam von rückwärts blickend, schrittweise herstellt. *Gegenwartsliteratur als Ausgangspunkt*

4. Die einzelnen Kapitel stehen im motiv- und gattungsgeschichtlichen Zusammenhang, und es wird darauf durch Querverweise immer wieder aufmerksam gemacht. Gleichwohl liegt die Absicht nicht darin, einen literaturgeschichtlichen Abriss der Liebeslyrik zu geben. Daher besitzen die einzelnen Kapitel eine gewisse Eigenständigkeit. *Gesamtzusammenhang der Einzelkapitel*

Interpretationsverfahren

5. Über die inhaltlichen Aspekte des Liebesmotivs hinaus soll durch die Untersuchung der Gedichtbeispiele die sprachlich-formale und stilistische Vielfalt der Lyrik sichtbar werden. Im Zuge der Einzelinterpretationen werden methodische Ansätze und Kriterien verwendet, die für den Umgang mit Gedichten von grundlegender Bedeutung sind:
   - Sprache (Wortwahl und Vokabular in der Liebessprache können klischeehaft oder individuell, drastisch oder vornehm sein; syntaktische Strukturen verraten viel über die Verfassung des lyrischen Ichs);
   - Bildlichkeit (Metaphorik, Symbolik und ihre Funktion, Zusammenhänge zu verdeutlichen oder zu verdunkeln, Verbindungen zwischen dem Bereich der Liebe und anderen Bereichen assoziativ herzustellen);
   - Metrum und Rhythmus als Ausdrucksmittel für den psychischen Zustand des lyrischen Subjekts oder die Grundtendenz des Gedichts;
   - Komposition (Textgliederung als Verständnishilfe, Mittel der Steigerung von Stimmung durch den Dichter);
   - Zustand des lyrischen Ichs (Gefühlsbeteiligung, innere Erregung, Distanz, Kälte u. Ä. sind wichtige Indizien für die Liebesauffassung des Textes);
   - Verhältnis zwischen den Partnern im Gedicht (Zärtlichkeit, Zuwendung, Harmonie, Vertrautheit, Gleichgültigkeit, Kälte, Feindseligkeit und viele andere Verhaltensweisen charakterisieren das Liebesverhältnis und seine ‚psychische' Grundlage);
   - Formen der Kommunikation (im sprachlichen Umgang miteinander gibt sich die Art der Liebe zu erkennen, z. B. durch monologisches oder dialogisches Sprechen);
   - Kommunikation zwischen Gedicht und Leser (will der Text uns an Gefühlen, Einsichten, Stimmungen usw. teilnehmen lassen oder sperrt er uns aus? Gründe für die eine oder andere Haltung);
   - Stimmung (emotionale Beziehung zwischen Liebenden ist von Stimmung begleitet – Arten der Stimmung kennzeichnen das Liebesverhältnis; Möglichkeiten zur Herstellung von poetischer Stimmung);

– Kontrastive Interpretation verschiedener Gedichte, um ihre Liebesauffassungen deutlicher zu erkennen.

Den leitenden Gesichtspunkt der Untersuchung bildet die inhaltlich orientierte Frage nach dem Liebesbegriff und seiner unterschiedlichen Ausprägung. Unter welchen Aspekten entwickelt ein Text das Motiv ‚Liebe'? Welche Aussagen über die Liebe sind ihm zu entnehmen? Welcher Zusammenhang lässt sich herstellen zum Liebesbegriff anderer Gedichte der Epoche? In welchem Verhältnis steht die Liebesauffassung des Textes zur Wirklichkeit? Antworten auf diese und ähnliche Fragen können nur durch die Analyse und den Vergleich der Gedichte selbst gefunden werden. Dabei spielen drei grundlegende Kategorien eine wichtige Rolle:

Frage nach dem Liebesbegriff

1. Unterscheidung eines ‚engen' Liebesbegriffs, der nur die Zuneigung zwischen zwei Menschen meint, von einem ‚weiten' Liebesbegriff, der die Liebe als eine universale Kraft begreift, die die ganze Welt durchwirkt. Innerhalb des engen Liebesbegriffs können die erotisch-sexuellen (Barock, Rokoko) oder die geistig-seelischen Komponenten (Minnelyrik, Romantik) jeweils stärker hervortreten. Es kann aber auch eine Harmonisierung beider Momente angestrebt werden (Goethe). Die Formen der geistig-seelischen Liebe neigen zur Herausbildung idealistischer bzw. religiöser Liebesauffassungen (himmlische Liebe), die mit dem universalen Liebesverständnis verschmelzen.
2. Die so gewonnene thematische Kategorisierung der Texte muss mit dem Gesichtspunkt der epochengeschichtlichen Gliederung verbunden werden, so dass man eine Zuordnung der Gedichte mit einem bestimmten Liebesbegriff zu den literaturgeschichtlichen Phasen vornehmen kann.
3. Der Wirklichkeitsgehalt der Liebesgedichte stellt ebenfalls eine umfassende Untersuchungskategorie dar. Die Tatsache, dass der Liebesbegriff eines Textes zu den realen Formen der menschlichen Liebe in einem engen (Gegenwartslyrik, Poetischer Realismus) oder in einem sehr fernen Verhältnis (Romantik, Barock, Minnesang) steht, lässt sich zur historischen Einordnung der Liebeslyrik heranziehen.

Wirklichkeitsgehalt der Lyrik

Historischer Überblick

Gegenwartslyrik

Die Gegenwartslyrik kennzeichnet sich durch eine ungewöhnliche Bereitschaft des lyrischen Ichs, subjektiv-private Vorstellungen und Gefühle freimütig und in einer unmittelbar zugänglichen Sprache zu formulieren. Die meisten Texte gehen von einem Liebesbegriff aus, der sich relativ leicht aus den wirklichen Erscheinungsformen der alltäglichen Liebe herleiten lässt. Viele Gedichte sind – wie im Poetischen Realismus des 19. Jahrhunderts – ‚Ehegedichte'. Wir begegnen also heute einem durchaus realistischen Verständnis von Liebe in der Lyrik, welcher religiöse oder metaphysische Aspekte völlig fernliegen. Der Hauptakzent liegt allerdings meist auf einem negativ gestimmten, disharmonischen Verhältnis zwischen Mann und Frau. Es ist von den emanzipatorischen Auseinandersetzungen, von Geschlechterkampf und Besitzdenken ebenso gezeichnet wie von der Sehnsucht nach beglückender Partnerschaft, deren Möglichkeit sich aber kaum erkennen lässt.

Die emotionale Offenheit und die unmittelbare Darstellung der Empfindungen ist in den vorangehenden Phasen der modernen Lyrik des 20. Jahrhunderts selten.

Lyrik nach dem Zweiten Weltkrieg

Beim Überprüfen der Gedichte der Nachkriegszeit von Autoren wie Bachmann, Benn, Celan, Eich, Krolow u. a. unter dem Gesichtspunkt des Gefühlsgehalts und der Gefühlsaussage, lässt sich eine Tendenz entdecken, den privaten Bereich der Liebe mit formalästhetischen Mitteln und sprachlich faszinierenden Bildern bis zur Unkenntlichkeit zu ‚verschleiern'. Das liegt nicht nur an der Bekenntnisscheu der Dichter, sondern auch daran, dass das Phänomen ‚Liebe' dem modernen Bewusstsein höchst rätselhaft und unheimlich erscheint. In der metaphorischen Dunkelheit ihrer Texte spiegelt sich das wider.

Hermetische Dichtung

Andererseits kommt in der hermetischen Lyrik eine Auffassung von Literatur zum Ausdruck, die unter dem Schlagwort „l'art pour l'art" („Kunst um der Kunst willen") nicht primär daran interessiert ist, die Wirklichkeit künstlerisch zu deuten, dem Leser Einsichten zu vermitteln oder ihn zu bestimmten Haltungen zu bewegen, sondern die ihr Selbstgenügen in der faszinierenden Form findet. Insofern lässt sich für wesentliche Bereiche der Liebesdichtung nach dem Zweiten Weltkrieg feststellen, dass das Thema ‚Liebe' – überspitzt formuliert – lediglich zum Anlass für die Hervorbringung ästhetischer Sprachkunstwerke dient. Zugleich aber zeugen viele dieser Gedichte von hoher Sensibilität für die Zerbrechlichkeit der Liebespartnerschaft, so dass die Wendung ins Artistische wie ein Selbstschutz des Individuums vor psychischen Bedrohungen erscheint.

Die literarische Moderne des 20. Jahrhunderts reicht zurück bis zum Expressionismus (1910) und hat verschiedene Strömungen ausgebildet, die in Stil und Auffassung keineswegs einheitlich sind. Die ästhetisch-hermetische Nachkriegslyrik bezieht viele Anregungen von der Lyrik der Jahrhundertwende und vom Expressionismus. Daneben findet sich eine eher ‚realistisch' orientierte Lyrik, für die in der ersten Hälfte des Jahrhunderts Brecht als wichtigster Vertreter zu nennen ist. Er bedient sich einer einfacheren Sprachgebung und bevorzugt die inhaltliche Durchsichtigkeit. Der Liebesbegriff seiner Gedichte ist durchweg wirklichkeitsbezogen, wenngleich die Liebe – wie insgesamt in der modernen Dichtung – ein schwieriges Phänomen bleibt. Menschliche Zuneigung erweist sich als unbeständig und flüchtig und damit für das lyrische Ich auch als innere Bedrohung.

Lyrik zwischen den Weltkriegen

In der Liebesdichtung der Jahrhundertwende (George, Rilke, Hofmannsthal) begegnen wir dann eher wieder den Rückzugsbewegungen der Lyrik in die Sphäre des rein Ästhetischen als Reaktion auf die nüchterne Wirklichkeit der Alltagsliebe. In vielen dieser Gedichte wandelt sich das Liebeserlebnis in einen formschönen Sprach- und Gebärdenvorgang, der dem Leser vor allem ästhetischen Kunstgenuss vermittelt. Die Liebe selbst oder auch der geliebte Mensch werden dabei in einer Weise veredelt und erhöht („Du schlank und rein wie eine Flamme"), dass sie sich von den wirklichen Verhältnissen beträchtlich entfernen.

Lyrik der Jahrhundertwende

Die Forderung, dass die Liebesdichtung sich eng an den realen Gegebenheiten orientieren solle und dass ihr Liebesbegriff sich vor der Lebenswirklichkeit bewähren müsse, entspricht weitgehend dem heutigen Literaturverständnis. In den früheren Epochen der Literaturgeschichte hat dieser Anspruch keine so große Rolle gespielt. Am ehesten zeigen sich Übereinstimmungen zur gegenwärtigen Auffassung im Poetischen Realismus der zweiten Hälfte des 19. Jahrhunderts. Man kann an den Liebesgedichten C. F. Meyers, Storms, Fontanes und Liliencrons beobachten, dass sie utopisch-lebensferne Entwürfe vermeiden und eine Liebesauffassung verdeutlichen, die mit den realen Möglichkeiten menschlicher Liebe in Einklang zu bringen ist. Im Mittelpunkt steht der Gedanke von der herzustellenden Harmonie in einer Partnerschaft, deren ideale Verwirklichung die Ehe darstellt. Der Optimismus und der Glaube an den Sinn bürgerlicher Ordnungen auch in den Liebesbeziehungen unterscheidet den Realismus des 19. Jahrhunderts von dem in der Gegenwartsdichtung.

Poetischer Realismus

Wenn wir die Geschichte der Liebeslyrik weiter zurückverfolgen, dann treffen wir in der Romantik auf den eigentlichen Höhepunkt anti-realistischer Literatur. Der Liebesbegriff erhält eine gegenüber dem heutigen Verständnis ungeheuer weite, universale Dimension. ‚Liebe' meint nicht nur das besondere Neigungsverhältnis zwischen den Menschen, sondern eine den gesamten Kosmos durchwaltende göttliche Kraft. Von daher bekommt auch die menschliche Liebe religiöse Züge. Diese aber lassen gleichzeitig den Konflikt zwischen den geistig-seelischen und sinnlichen Formen der Liebe aufs Schärfste hervortreten. Vor allem die Lyrik Brentanos ist erfüllt von solchen Spannungen, aber auch in Eichendorffs Gedichten spiegelt sich dieser unversöhnte Dualismus wider.

Romantische Lyrik

Je stärker die Wirklichkeitserfahrung in die Liebeslyrik hineinwirkt, umso mehr wird die utopische Idee der romantischen Universalharmonie zerstört. Eine wichtige Position auf dem Wege zur realistischen Dichtung des 19. Jahrhunderts nimmt das Werk Heines ein, das zwar in der Romantik wurzelt, aber an der inneren Auflösung ihrer Motive insofern beteiligt ist, als in Heines Liebeslyrik die religiöse Zuversicht und das Vertrauen auf die menschliche Liebesbereitschaft zerbrechen. Seine Dichtung wird zur anhaltenden Klage über die unerfüllte Liebe, aber sie setzt auch neue Akzente mit dem Versuch, das Liebesleid durch distanzierende Ironie zu überwinden.

Heines Liebeslieder

Die größte menschliche und künstlerische Spannweite entfaltet sich im lyrischen Werk Goethes. Mit den Liebesgedichten des jungen Goethe beginnt das, was „Erlebnislyrik" genannt wird, eine Dichtungsform, die enge Beziehungen zur selbsterfahrenen Wirklichkeit herstellt. Goethes Liebeslyrik spricht immer auch über seine eigene Liebe. Während die Jugendgedichte von einem unbefangenen Liebesoptimismus erfüllt sind (vgl. „Maifest", S. 82 f.), legen die nachfolgenden Gedichte für Frau von Stein auch Zeugnis ab von den Widerständen, die sich der dichterischen Verwirklichung der Liebesharmonie entgegenstellen. Wie die Romantik muss sich auch Goethe mit den Spannungen zwischen den sinnlichen Wunschvorstellungen und den geistig-sittlichen Forderungen der Liebe auseinandersetzen (z. B. „Warum gabst du uns die tiefen Blicke", S. 89 f.). Doch anders als die Romantik findet Goethes Liebesdichtung zu einer Versöhnung in ‚realistischen' Dimensionen (*Römische Elegien* und *West-östlicher Divan*). Die Liebesauffassung in diesen Dichtungen lässt zugleich Raum für die natürliche Sinnenliebe wie für eine geistig-seelische Vertiefung der Partnerschaft. Anderseits gibt es in der Alterslyrik auch Beispiele, in denen sich eine idealistische Überhöhung des Liebesbegriffs vollzieht (vgl. „Selige Sehnsucht", S. 94) – wie ja im Spätwerk Goethes insgesamt auch romantische Züge vorhanden sind.

Stufen der Goethe'schen Lyrik

Die Lyrik des 18. Jahrhunderts vor Goethe führt uns zum literarischen Rokoko, dessen bedeutendste Sonderform die anakreontische Poesie darstellt (nach dem Vorbild des antiken Lyrikers Anakreon). Der junge Goethe knüpft mit seinen spielerisch-tändelnden Liebesversen hier an. Die Gedichte der Anakreontik behandeln die Liebe als unverbindliches Spiel ohne den existenziellen Ernst, den sie in der Dichtung der späteren Epochen annimmt. Sie folgen thematisch und stilistisch einem konventionellen Schema, in dem nicht persönliche Erlebnisse zu Wort kommen, sondern reizend-geschmackvoll arrangierte erotische Szenen vorgestellt werden. Das Aussprechen subjektiver Empfindungen ist dieser Lyrik noch fremd und tritt nur vereinzelt – etwa in Klopstocks emphatischen Liebesgedichten – in Erscheinung.

Anakreontische Lyrik (Rokoko)

Die Barock-Dichtung im 17. Jahrhundert wird von der erotisch-sexuellen Thematik in stärkerem Maße be-

Barocklyrik

herrscht als alle ihr nachfolgenden Entwicklungsstufen der Liebeslyrik. Die in vielen Gedichten formulierte Aufforderung zum Sinnengenuss bildet einen deutlichen Kontrast zu den moralisch-christlichen Forderungen der Zeit nach sittenstrengem Lebenswandel unter Androhung der ewigen Verdammnis. Ein Wesensmerkmal der Barockliteratur besteht in dem ausgeprägten Vergänglichkeitsbewusstsein (z. B. bei Gryphius), das gleichsam als Rechtfertigung dient für das Wahrnehmen aller sich bietenden Liebesfreuden (Opitz, Hoffmannswaldau). Wenngleich die Liebeslyrik des Barock niemals als dichterische Darstellung der Wirklichkeit missverstanden werden darf, so verrät sich in ihr doch eine Grundeinstellung zu Liebe und Partnerschaft. Weniger ihre Betonung der sexuellen Aspekte als vielmehr die fehlende Einbettung in ein geistig-seelisches Ganzes beraubt das Verhältnis zwischen Mann und Frau wertvoller Komponenten.

Mittelalterlicher Minnesang

Wenn wir auf die Anfänge der deutschen Liebeslyrik zurückblicken, den hochmittelalterlichen Minnesang des 12./13. Jahrhunderts, dann begegnen wir einer dienenden Verehrungshaltung des ritterlichen Mannes gegenüber der vornehmen, geliebten ‚Herrin'. Im Gegensatz zur Liebesauffassung der Romantik besitzt die Minnelyrik aber nicht deren religiöse Implikationen, sondern sie beruft sich auf den Ehrbegriff und das Ethos der höfischen Tugenden.

In den Liedern Wolframs von Eschenbach, Reinmars von Hagenau, Walthers von der Vogelweide ertönt die anhaltende Klage des Liebenden über seine unerwiderte Liebe. Jedoch gestaltet die Lyrik auch hier nicht individuelle Liebeserfahrung, sondern sie erfüllt die Forderungen eines konventionellen Dichtungssystems, in dem bestimmte Rollenverhältnisse festgeschrieben sind. Walthers Minnedichtungen zeigen am eindrucksvollsten die Spannungen zwischen dem Ideal der höfischen Verehrung und dem natürlichen Wunsch nach Liebeserfüllung – Gegensätze, die er in den Liedern der ‚ebenen Minne' zum Ausgleich zu bringen versucht.

1 Verlust der Harmonie

Liebe im Gegenwartsgedicht

> Die gegenwärtigen Tendenzen in der Liebeslyrik setzen um 1970 ein. Auf der inhaltlichen Ebene lässt sich hauptsächlich die Wiederentdeckung der Subjektivität, die Beziehung zur Alltagswirklichkeit und die Emanzipationsbewegung der Frauen beobachten. Diese Faktoren üben auf die Herausbildung der Liebesauffassung eine große Wirkung aus. Hinzu kommt die Vereinfachung der Sprache und der lyrischen Formen, so dass die Texte unmittelbar zugänglich erscheinen. Die wichtigsten Grundzüge dieser Lyrik werden im Folgenden an zwei Beispielen von Frauen (Ulla Hahn und Karin Kiwus) erläutert.

Ulla Hahn

Bildlich gesprochen

Wär ich ein Baum ich wüchse
dir in die hohle Hand
und wärst du das Meer ich baute
dir weiße Burgen aus Sand.

5   Wärst du eine Blume ich grübe
dich mit allen Wurzeln aus
wär ich ein Feuer ich legte
in sanfte Asche dein Haus.

Wär ich eine Nixe ich saugte
10 dich auf den Grund hinab
und wärst du ein Stern ich knallte
dich vom Himmel ab.

Dieses Gedicht aus Ulla Hahns Lyrikband *Herz über Kopf* (1981) spricht von der emotionalen Beziehung eines lyrischen Subjekts zu einem fiktiven Du, von der Liebe also, deren genauerer Sinn durch die Analyse des Textes zu erfassen ist. Ohne das bekannte Vokabular der Zuneigungs- oder Leidenschaftssprache zu verwenden, entfaltet die Autorin das Thema in gleichnishaften Bildern, in kunstvoll gebauten Versen, in indirekter Sprechweise – und doch wissen wir bei der Lektüre sogleich, worum es in dem Gedicht geht. Die Verschlüsselungen des Textes sind so leicht durchschaubar, dass unmittelbares Verstehen sich einstellt. Das ist in der modernen Lyrik, wie am Beispiel von Krolows „Liebesgedicht" (vgl. S. 25 f.) ersichtlich sein wird, durchaus nicht die Regel.

Unmittelbares Textverständnis

Obwohl dem Gedicht ein starker Gefühlsinhalt zugrunde liegt, fällt die sorgfältige Strukturierung aller drei Strophen ins Auge und ein wohl durchdachter syntaktischer Verlauf, den man bei Texten mit solch hoher emotionaler Intensität nicht unbedingt erwartet. Es entsteht dadurch eine untergründige Spannung zwischen den leidenschaftlichen Äußerungen des lyrischen Ichs und der sehr rationalen Gestaltungsweise des Gedichts, die als Kontrast-Spannung zwischen Gehalt und Form des Kunstwerks bezeichnet werden kann.

Hohe Emotionalität – bewusste Formgebung

Der Sprachgestus des Textes ist streng monologisch und auch bei der Hinwendung zum Du ganz aus der Perspektive der sprechenden Figur her angelegt. Es ergibt sich zwar eine Form von Kommunikation mit dem angesprochenen Partner, jedoch nehmen wir nur die Vorstellungen des ich-sagenden Subjekts wahr. In diesem Sinne kann man Ulla Hahns Gedicht „subjektiv" nennen, im Gegensatz etwa zu Hofmannsthals „Die Beiden" (vgl. S. 44) oder C. F. Meyers „Zwei Segel" (vgl. S. 52), in denen eine objektiv beobachtende Sprecherperspektive eingenommen wird.

Subjektive Perspektive und monologisches Sprechen

Die Festlegung des Textes auf den Standort des sich mitteilenden Ichs erlaubt eine unmittelbare Innensicht der Figur, ihrer Gefühle und Gedanken. Wahrscheinlich ist dieses Darbietungsmodell der Liebeslyrik besonders angemessen, weil das Subjekt im Grunde nur über seine eigenen Empfindungen authentisch sprechen kann, nicht aber über die eines anderen. Dennoch stellt sich beim Leser ein gewisses Bedauern darüber ein, dass das Du nicht zu Wort kommt und dass wir nichts über seine innere Haltung erfahren.

Innensicht der Figur

Dabei lässt sich in „Bildlich gesprochen" unter grammatischen Gesichtspunkten eine sehr genaue Ausgewogenheit von Ich- und Du-Pronominalformen beobachten. Jede Strophe ist in kunstvoller Variation gebildet aus

Personalpronomen „ich" – „du"

einem „Wär ich"- und einem „Wärst du"-Satzgefüge. Es entsteht so der Anschein einer gleichmäßigen Rollenverteilung. Jede Strophe weist drei Pronomina der ersten und drei Pronomina der zweiten Person auf. Aber nur das Personalpronomen ‚ich' besitzt Subjektfunktion in den Hauptsätzen, während die ‚du'-Formen lediglich in den Nebensätzen auftreten bzw. als Dativ- oder Akkusativ-Objekte der Hauptsätze. Dem entspricht die untergeordnete Stellung, die dem fiktiven Du im gesamten Gedicht zugedacht wird.

Noch mehr verschärft sich dieser Eindruck, wenn man die Zuordnung der Verben berücksichtigt. Ihnen kommt als Trägern des aktiven Handelns ja die Hauptbedeutung im Text zu. Durch die kräftig betonte Stellung am Ende der Zeilen 1 und 3 jeder Strophe, markiert durch eine Pausierung und den Zeilensprung, sind sie deutlich herausgehoben. Ausnahmslos aber gehören die Verben zum sprechenden Ich. Das Du ist nur mit nominalen Wendungen bedacht, denen zwar eine gewisse Ausdruckskraft und Bewegung innewohnt (Meer, Blume, Stern), die jedoch kein eigenes Willenshandeln ausdrücken. Es wird sich zeigen müssen, welche Folgen diese ‚Objekt'-Stellung des Du für den Sinngehalt des Gedichts besitzt.

> Analyse der Verben

Im Verlauf des Textes offenbart die Ich-Figur dem begehrten Du ein Grundgefühl von Zuneigung, das in sechs Bildern (je zwei in jeder Strophe) zum Ausdruck gebracht wird. Dabei gehören die vier Bilder der ersten beiden Strophen aufgrund wichtiger Gemeinsamkeiten zusammen. Die Bilder 1 und 3 beziehen sich auf den Pflanzenbereich, die Bilder 2 und 4 auf die Naturgewalten Wasser und Feuer und deren Wirkungen.

> Bedeutung der Sprachbilder für den Sinngehalt

Im Anfangsbild vertraut sich das lyrische Subjekt im übertragenen Sinne dem Du zuversichtlich an, indem es sich – in Gestalt des aufwachsenden Baumes – wörtlich in seine Hände gibt; wobei es unausgesprochen an seine Bereitschaft zu stützender, pflegender Behandlung appelliert und zugleich den anderen dadurch bindet. Hineinspielt auch die Wirkung, die vom 3. Bild ausgeht und auf den Anfang zurückstrahlt. Das Ausgraben und Heimtragen der Blume setzt ja gleichfalls die Sorge um das weitere Gedeihen voraus, diesmal in umgekehrter Rollenverteilung. Das „mit allen Wurzeln" signalisiert die Behutsamkeit, mit der jede Beschädigung des ande-

> Baum- und Blumenvergleich

LIEBE IM GEGENWARTSGEDICHT 15

ren Wesens vermieden werden soll. Aber unübersehbar drückt das Bild auch einen Besitzwillen aus, wie es der Liebe eigen ist.

Goethes Gedicht „Gefunden"

Ulla Hahn spielt hier auf ein Motiv aus Goethes Gedicht „Gefunden" an, dessen dritte Strophe lautet:

> Ich grub's mit allen
> Den Würzlein aus,
> Zum Garten trug ich's
> Am hübschen Haus.
> (NC, S. 266)

Es ist zu vermuten, dass die Dichterin die freundliche Stimmung des Goethe-Gedichts in ihre Verse hineinholen will.

Selbstpreisgabe in der Liebe

Im Kontext der Folgebilder 2 und 4 lassen sich die positiven Deutungen der Liebe nicht mehr aufrechterhalten. Zwar suggeriert das Errichten weißer Sandburgen im 2. Bild die Vorstellung, dass das Ich dem begehrten Du Freude bereiten oder Ehrung zuteil werden lassen will, aber genau genommen dienen die Sandburgen am Strand den Meereswellen zum Spiel der Zerstörung. Das Bild drückt also auch die Bereitschaft des liebenden Ichs zur Preisgabe des eigenen Selbst aus. Diese Auslegung bestätigt sich beim Blick auf das 2. Bild der Strophe 2, das auffällige Parallelen besitzt. Dort formuliert das lyrische Ich im Gleichnis vom Verbrennen des Hauses den Wunsch, dass der Partner zur Aufgabe des in sich abgeschlossenen Selbst-Seins gezwungen werde. Dass diesem Bild etwas Gewaltsames, Bedrohliches anhaftet, wird schon durch die Bezugnahme auf die Naturgewalt deutlich. Das Feuer gilt ja als traditionelles Symbol für Liebesleidenschaft und deutet zugleich Gefahr an. Durch die versöhnliche Formulierung „sanfte Asche" wird das nur wenig gemildert. Allerdings wirkt die Forderung, alle ich-bezogenen, abgeschlossenen Daseinsformen zu Gunsten von Gemeinsamkeit aufzugeben, unausgesprochen in jede Liebesbeziehung hinein.

Gewaltmomente in der Liebesbeziehung

In den beiden Schlussbildern der 3. Strophe bekommt das Moment der Gewalt in der Liebe eine alles überschattende Bedeutung. Die Fixierung auf das geliebte Du steigert sich bis zum Vernichtungswunsch. Das zeigt sich in der Wortwahl, deren Brutalität den Bildwirkungen eine erschreckende Härte verleiht. „Hinabsaugen",

„abknallen" – in diesen Verben drückt sich die zerstörerische, feindselige Haltung des Ichs aus.

Das 1. Bild der letzten Strophe benutzt das vor allem in der Romantik beliebte Motiv der Nixen oder Sirenen als Sinnbild der verführerischen Frauen, denen die Männer mit tödlicher Liebessehnsucht verfallen (vgl. Kapitel 6). Auch Goethe verwendet in seiner Ballade „Der Fischer" dieses Motiv. Im Gegensatz zu Ulla Hahns lyrischem Ich lockt Goethes Wasserweib mit sprachlichen Mitteln, mit beschwörenden Worten, in denen der Dichter die magische Anziehungskraft der Liebe triumphieren lässt („Halb zog sie ihn, halb sank er hin"). Ulla Hahn vermeidet bewusst das herkömmliche Bild („hinablocken"). Das stattdessen verwendete „hinabsaugen" beraubt das Du jeglicher Widerstandsmöglichkeit und lässt ihm nicht einmal den Anschein von freier Wahl. Damit gerät der Liebesbegriff des Gedichts endgültig unter die Vorherrschaft von gewaltsamer Inbesitznahme: Das lyrische Ich will um jeden Preis, auch um den der Zerstörung, mit dem geliebten Du vereint sein. Als äußerste Zuspitzung bleibt somit – im letzten Bild – nur noch die Auslöschung. Der Geliebte, als Stern in unerreichbarer Ferne versinnbildlicht, muss vernichtet werden, wenn er denn nicht zu gewinnen ist. Das Böse, zu dem die Liebe entarten kann, wird in den Schlusszeilen an exponierter Stelle formuliert.

Die nahezu idyllischen Wirkungen der ersten Bilder gehen also ganz verloren. Liebe ist aber dem umfassenden Sinn des Gedichts zufolge alles andere als eine Idylle. Wir können demnach auch – positiv gewendet – die Aussagen des lyrischen Ichs als radikales Bekenntnis zu seinem Gefühl verstehen – „Herz über Kopf" eben, wie der programmatische Titel der Sammlung lautet. Das Subjekt fordert von sich und vom Du die vorbehaltlose Hingabe für die Verwirklichung der Liebe, die Verschiedenheit oder Trennung nicht erträgt, von der wir uns aber vorstellen, dass sie nicht verlangt, sondern nur freiwillig geleistet werden kann. Indem das Ich sich in der Beziehung zum Partner ausschließlich an seinen eigenen Ansprüchen orientiert und das ‚Objekt' des Verlangens als eigenständiges Ich nicht wahrnimmt, tritt der eingangs erwähnte Subjektivismus übermächtig zutage. Sicher schwingt darin eine überwältigende, emotionale Unbe-

Nixen-Motiv: Macht der Verführung

Besitzanspruch des Liebenden

Radikales Bekenntnis zum Gefühl

dingtheit mit, der ängstliche Selbstbewahrung, wie sie etwa Rilke in seinem „Liebes-Lied" (vgl. S. 48) ausspricht, ganz fremd ist. Zugleich trägt diese Liebe aber deutliche Züge von Selbstsucht und Gewaltsamkeit.

Form – Inhalt – Beziehungen

Die inhaltliche Analyse der Sprachbilder hat eine gewisse Klarheit über die Liebesauffassung innerhalb des Gedichts herbeigeführt. Das ist zum Verständnis des Textes unerlässlich. Aber sie kann nicht genügen, denn die eigentliche Qualität des Gedichts beruht auf der überzeugenden sprachlichen und kompositorischen Gestaltung. Von ihr gehen wichtige ästhetische Wirkungen aus, welche die Vermittlung der Inhalte zum Kunsterlebnis machen. Auf einige Formelemente wurde im Verlauf der Deutung bereits hingewiesen, doch verdienen der Aufbau und der Sprachduktus noch eine genauere Betrachtung.

Wiederholung und Variation

Die drei Strophen des Gedichts werden beherrscht vom Prinzip der Wiederholung und Variation. So besteht jede Strophe aus je zwei gleichgefügten irrealen Bedingungssätzen, die jeweils zwei Zeilen umfassen. Es ergeben sich für das gesamte Gedicht sechs gleichartige syntaktische Einheiten. Dabei variiert die Autorin die Mittelstrophe dergestalt, dass sie die Reihenfolge der „Wär ich"- und „Wärst du"-Sätze gegenüber den Strophen 2 und 3 vertauscht. Dadurch wird unter anderem, wie eine Umkehrprobe zeigen kann, die Gefahr der Eintönigkeit vermieden.

Häufung syntaktischer Texteinschnitte

Obwohl der Text auf die üblichen grammatisch bedingten Satzzeichen verzichtet, machen sich viele syntaktische Einschnitte überdeutlich bemerkbar. Das betrifft vor allem den Schluss der Zeilen 2, 6 und 10, an dem das erste Bild jeder Strophe endet und man einen Punkt erwartet. Ein prinzipieller Unterschied zu den Strophenschlüssen der Zeilen 4, 8 und 12 lässt sich nicht erkennen.

Isolation der Einzelbilder

Es ist zu spüren, dass jedes der sechs Einzelbilder sich zu isolieren und jede Strophe in zwei Zweizeiler zu zerfallen droht. Die Hauptursachen liegen in der strengen Sinneinheit der jeweiligen Zweiergruppen und in der syntaktischen Abgeschlossenheit eines jeden der sechs Satzgefüge gegenüber dem andern.

Verknüpfung der Strukturelemente

Durch eine vielfältige Verschränkung der Strukturelemente versucht die Autorin, einen größtmöglichen Zusammenhalt herzustellen. Am Beginn der Zeilen 3 und 11 soll die Konjunktion „und" als Bindeglied zwischen den Strophenhälften dienen. Ihr Fehlen in der mittleren Strophe verleiht der Trennung zwischen dem dritten und vierten Bild besonderen Nachdruck. Vor allem der parallele Bau der Zeilen 1 und 3 in jeder Strophe mit den Konjunktiven am Beginn und den Verbformen am Ende bewirkt eine über die Syntaxgrenzen hinausgreifende Zusammengehörigkeit dieser getrennten Zeilen. Klanglich verbinden sich jeweils die Zeilen 2 und 4, 6 und 8, 10 und 12 mit Hilfe der Endreime.

Einheit stiften oft auch die Gedichtschlüsse. Zumal bei Texten wie diesem mit seiner Aneinanderreihung (Addition) von Aussage-Einheiten muss der Leser davon überzeugt werden, dass die Bilderfolge nicht beliebig weitergehen kann. Sie muss also zu einem sinnvollen Halt gebracht werden, so dass – wie Walter Killy es ausdrückt – der Ablauf des Gedichts „nicht einfach aufhört, sondern auf eine das Ganze evident machende Weise still wird" (W. Killy, *Elemente der Lyrik*, München 1972, S. 25). Das ist in „Bildlich gesprochen" sehr eindrucksvoll gelungen. Die letzte Zeile ist die kürzeste des gesamten Gedichts, und sie erhält durch eine ihr innewohnende Beschleunigung eine Art Finaltempo. Mit der kurzvokalischen Hebung auf „ab" setzt sie einen harten Schlusspunkt, der den sinnbildhaften Abgesang der Liebe sprachlich nachahmt. Darüber hinaus ist nichts mehr zu sagen.

Funktion des Gedichtschlusses

Trotz der spürbaren Tendenz, die Teile des Gedichts eng miteinander zu verfugen, bleiben Risse und Brüche bis in die einzelnen Zeilen hinein. Man muss nicht alle metrisch-rhythmischen Details der Zeilen nachvollziehen, um bei ihrer laut und akzentuiert gesprochenen Lektüre auf die hemmenden Einschnitte in den Zeilen 1 und 3 jeder Strophe zu stoßen, z. B.:

Brüche im rhythmischen Verlauf

> Wär ich ein Baum / ich wüchse /
> dir in die hohle Hand

Der Sprecher muss jeweils einen neuen Anlauf nehmen – wie um über einen Graben zu springen. Wie anders stellen sich die Harmonie und Einheit schaffenden rhythmischen Bögen in Goethes Gedichten dar, beispielhaft etwa in den Strophen 2–4 seines „Maifest" (vgl. S. 82 f.).

Gewaltsame Harmonisierung der Form

So haftet dem Gedicht von Ulla Hahn der Eindruck von etwas gewaltsam Erzwungenem an, obwohl es den Anschein eines kompositorisch sauber gefügten Gebildes erweckt. Die fehlende Harmonie zwischen lyrischem Ich und fiktivem Du und der Gewaltcharakter der Liebe finden in der Formgebung ebenso ihren Niederschlag wie das angestrengte Bemühen um das Einswerden mit dem Geliebten. Erfüllung ist nicht zu erwarten.

Aggressivität in der Zweierbeziehung

Mit diesem negativen Resultat formuliert Ulla Hahns Gedicht eine Grundtendenz in der gegenwärtigen Liebeslyrik, die ihren Ausdruck in einem ungewöhnlich aggressiven Verhältnis zwischen den Partnern findet. Für das Gedicht „Programmvorschau" von Jürgen Becker diagnostiziert Hiltrud Gnüg eine Beziehung, die einem „psychischen Zweikampf" gleichkommt; sein zermürbender Verlauf endet in der Resignation der Beteiligten, die sich doch einmal geliebt hatten: „die Zweierbeziehung als Psychostreß [...] so stellt es sich in vielen Gedichten dar" (H. Gnüg, 1979, S. 35 f.).

Ein wesentlicher Anteil an diesem neuen, von Machtauseinandersetzungen geprägten Verhältnis zwischen Mann und Frau kommt der emanzipatorischen Bewegung zu. Zeilen wie die folgenden von Elisabeth Plessen wären in der Liebeslyrik der 1950er- und 60er-Jahre noch kaum denkbar:

Elisabeth Plessen

Dank dir dank euch

Sie sagte: komm. Da hat er ihr den Mund verboten.
Weil ers nicht war, sein Zeitpunkt nicht.
Er nistete sich ein
Wie in der Wohnung in der Frau, nur um zu zeigen
Was er braucht. Das Augenmerk auf sich.

Rücksichtslose Ich-Bezogenheit der Partner

Der feindselige Ton unter den Partnern, die Selbstbezogenheit des männlichen Ichs, die Rücksichtslosigkeit gegenüber den Empfindungen des Du – dies alles sind Merkmale einer deformierten Beziehung, die man kaum mehr ‚Liebe' nennen mag.

Auch das kleine Gedicht von Karin Kiwus „Fragile" (DL, S. 341) beklagt den besitzsüchtigen, unsensiblen Egoismus des Mannes mit seiner Unfähigkeit zur aufmerksamen Zuwendung. Es wirkt zwischen den betroffenen Figuren dieser Gedichte etwas Verbindendes, ein schwer zu definierendes Gefühl zwanghaften Miteinander-Seins ohne Freundlichkeit, für das uns ein treffender Begriff fehlt.

Hiltrud Gnüg charakterisiert die vom Emanzipationsprozess erschütterten Liebesbeziehungen in ihrer Doppelgesichtigkeit mit folgenden Worten: „Gerade das, was freundliche Partnerschaft erst ermöglichen kann – die Auflösung der einengenden Geschlechterrollen –, schafft neue Schwierigkeiten, verunsichert den Mann in seinem Selbstverständnis, macht die Frau fordernder und empfindlicher in ihrem neuen Selbstverständnis." (H. Gnüg, 1979, S. 38 f.)

Liebeslyrik im Zeichen der Emanzipation

In der Liebeslyrik der 70er- und 80er-Jahre spiegeln sich diese Vorgänge besonders in den Gedichten von Frauen, für die das veränderte Rollenbewusstsein ja neue Möglichkeiten der Selbstverwirklichung in der Liebe mit sich bringen sollte. Die Realität in den Gedichten wirkt aber eher deprimierend. Enttäuschungen, die sich einstellen, wenn alte unzulängliche Beziehungsmuster zerstört werden, während neue, positive Formen der Partnerschaft noch nicht gefunden sind, äußern sich in resignativem Verzicht oder in tapferem Festhalten an den hohen Erwartungen.

Während das lyrische Ich in Ulla Hahns „Bildlich gesprochen" mit aggressiver Entschlossenheit auf seinem Liebesanspruch besteht und diesen kompromisslos zu verwirklichen sucht, weisen andere Liebesgedichte eine völlig entgegengesetzte Haltung auf. Beim dürftigen Zustand der Liebe in der alltäglichen Wirklichkeit – und diese spielt im Gegenwartsgedicht eine große Rolle – besteht zum Höhenflug der Gefühle wenig Anlass. Daher bleibt dem liebenden Ich nur der stille, melancholische Abschied von seinen Glücksvorstellungen. Das Gedicht „Lösung" von Karin Kiwus, erschienen 1979, bringt die keineswegs seltene Resignation beispielhaft zum Ausdruck:

Liebe in der banalen Alltäglichkeit

Karin Kiwus

Lösung

Im Traum
nicht einmal mehr
suche ich
mein verlorenes Paradies
5 bei dir

ich erfinde es
besser allein
für mich

In Wirklichkeit
10 will ich
einfach nur leben
mit dir so gut
es geht

Das Gedicht bewegt sich zwischen den Polen der traurig-nüchternen Reflexion über den Traum von der großen Liebe (Strophe 1) und der Bescheidung auf das schmale ‚Glück' der Wirklichkeit (Strophe 3). In der Mittelstrophe formuliert das Ich eine Anweisung („Lösung") für den Umgang mit seinen hohen Glückserwartungen.

Die Möglichkeit, eine die ganze Existenz erfassende Liebe mit einem Menschen zu verwirklichen, erscheint dem lyrischen Subjekt so utopisch, dass sie nicht „einmal im Traum" mehr zugelassen wird. Sie gleicht der vergeblichen Suche nach dem „verlorenen Paradies", aus dem die Menschen für immer vertrieben wurden. Aus dieser schmerzlichen Einsicht ergeben sich für das Ich zwei Konsequenzen. Einerseits erkennt es, dass die realistischen Bedingungen bestenfalls ein gemeinsames alltägliches Leben zulassen („so gut es geht"), in dem die Vorstellung vom überirdischen Liebesglück („Paradies") unerfüllt bleiben wird. Wenn es nur „einfach leben" will, dann bedeutet das: ohne Aufwand an tiefen Gefühlen, ohne den Luxus der Träume. Die Haltung des lyrischen Ichs kennzeichnet sich aus der Sicht des Gedichtanfangs, der noch über die Textgrenze hinaus in eine Vergangenheit voll schwärmerischer Hoffnungen zurückweist, als schmerzliche Resignation.

Die zweite Folgerung besteht darin, dass die vorhandene Glückssehnsucht sich für das lyrische Ich nur unabhän-

Zwischen Utopie und Resignation

gig von der realen Beziehung zu Menschen erfüllen lässt. Davon spricht die mittlere Strophe, der aufgrund ihrer zentralen Stellung ein besonderes Gewicht zukommt. Wir müssen ihre Aussagen als einen Rückzugsversuch des Subjekts auf sich selbst verstehen: „ich … allein … für mich" – so lauten die pronominalen Schlüsselwörter. Zeile 7 bildet die formale Zentralachse des Gedichts. Isoliert betrachtet bekommt sie eine erschreckende semantische Vieldeutigkeit: „besser allein". Im Kontext der Strophe meint dies natürlich, dass man die utopischen Vorstellungen von der Liebe und ihrer Verwirklichung, die man nur „erfinden", d. h. ‚erdichten' kann, „besser allein" für sich behält. Sie mit der gesellschaftlichen Realität von Liebespartnerschaft zu konfrontieren, führt zu den schmerzlichsten Enttäuschungen. So steht im Zentrum des Textes übergroß das vereinzelte, sich zur Vereinzelung bekennende Ich, das Zuwendung nur in der Sphäre des belanglos Äußerlichen erwartet.

Selbstisolierung des Liebenden

Wie kaum eine literarische Epoche zuvor bezieht sich die zeitgenössische Liebeslyrik auf die sozialpsychische Wirklichkeit des täglichen Daseins. Von dort aus entfaltet sie ihre Texte über die Liebe, die man auch verstehen kann als Reaktion auf eine Lyrik, in der ästhetische Formqualitäten und faszinierend-dunkle Sprachbilder den Wirklichkeitsgehalt aus der Dichtung verdrängen (vgl. Kapitel 2). Von den Tendenzen der modernen Lyrik nach 1945, sich zum reinen, selbstgenügsamen Kunstwerk zu entwickeln, ist die Liebesdichtung der Gegenwart weit entfernt.

‚Realismus' im gegenwärtigen Liebesgedicht

> Die Liebeslyrik der letzten Jahrzehnte des 20. Jahrhunderts charakterisiert sich vor allem durch die Bereitschaft, in unverhüllter Sprache persönliche Gefühle zu bekennen (‚Neue Subjektivität'). Ineins mit ihrem engen Bezug zur Realität, die auf jede ‚romantische' Überhöhung verzichtet, vermitteln die Gedichte einen wirklichkeitsnahen Liebesbegriff, der im Spannungsfeld von hoher Erwartung und tiefer Enttäuschung steht. Die Vorstellungen von gelungener harmonischer Zuneigung zwischen Liebenden werden als Utopie entlarvt. Daher verwirklicht sich Liebe in diesen Texten als Feindschaft der Geschlechter, als vergebliches Festhalten am Ideal oder als resignativer Verzicht auf Glück. Einfache Sprach- und Formgebung entsprechen häufig der Reduktion der Liebe auf anspruchslose Partnerschaft.

2 Flüchtige Begegnungen des Glücks

Liebeslyrik der Moderne

> Der Einsatz der literarischen Moderne in Deutschland wird von der Literaturgeschichte mit dem expressionistischen Jahrzehnt (1910–20) als der letzten zusammenhängenden Bewegung angesetzt. Ihre revolutionäre Handhabung von Sprache, Bildlichkeit und Form und ihre anti-realistische Tendenz haben die Lyrik bis in die 50er-Jahre hinein beeinflusst (Benn). Allerdings zeigen sich zwischen den beiden Weltkriegen auch gegenläufige Strömungen, die man unter dem Stilbegriff der Neuen Sachlichkeit zusammenfasst. Ringelnatz, Tucholsky, Brecht, Kästner sind hier als Lyriker mit realistisch-kritischen und ironisch-parodistischen Texten zu nennen.
>
> Das Jahr des Zusammenbruchs (1945) als „Stunde Null" markiert Einschnitt und Neubeginn der deutschen Literatur. In den ersten Jahren dominiert eine Zeitlyrik (bis etwa 1948), in der die historische Situation nach dem Krieg zur Sprache kommt (Holthusen, Hagelstange, Hermlin). Daneben setzt sich eine Stil- und Bewusstseinsrichtung durch, die man als „naturmagische Lyrik" bezeichnet; ihr geht es um das überzeitliche Wesen von Mensch und Natur (Lehmann, Langgässer, Huchel, Krolow).
>
> Ihre Fortsetzung findet sie von der Mitte der fünfziger Jahre an als Experimentallyrik. Entstanden auf dem Boden kritischer Sprachexperimente, nähert sich die Lyrik einer Form der ‚reinen' Dichtung (Eich, Celan, Krolow, Bobrowski). Noch während der sechziger Jahre orientiert sich die Literatur zunehmend gesellschaftskritisch-politisch (Enzensberger, Grass, Heißenbüttel, Fried).
>
> Als Beispiel für die ästhetisch-experimentelle Liebeslyrik steht das folgende Krolow-Gedicht (1960), dem ein thematisch verwandtes, poetisch ‚sachliches' Liebesgedicht von Brecht (1925/26) gegenübergestellt wird.

Krolow über moderne Liebeslyrik

In einer berühmt gewordenen Abhandlung aus dem Jahre 1961 zur modernen Poesie äußert sich Karl Krolow (1915–1999) über die Beschaffenheit des Liebesgedichts. Die beiden Jahrzehnte nach dem Zweiten Weltkrieg, von denen er hauptsächlich spricht, gehören nach seiner Auffassung nicht zur „Zeit der schlagenden Herzen" und der „stürmischen Erklärungen". Vielmehr sei die Lyrik von „Unsicherheit und Unruhe" erfüllt, und das liege vor allem an den Widersprüchen zwischen den Gefühlen des Einzelnen und dem „Schwinden des Persönlichen in der modernen Massengesellschaft". Damit werde die Liebesdichtung als individuelle Bekenntnisliteratur in der anonymen Öffentlichkeit nahezu unmöglich. Krolow zieht daraus den Schluss, dass Gefühlsmitteilungen in der Poesie sehr distanziert erfolgen müssten, um Sentimentalität und „aufdringliche Privatheit" zu vermeiden. Das Gedicht solle eine grundsätzliche „Scham" bewahren und dürfe nicht zur seelischen „Intimitätenschau" verkommen (vgl. K. Krolow, 1961, S. 55–61).

Distanz gegenüber den Gefühlen

Wenn wir uns unter diesen Gesichtspunkten den Liebesgedichten der Nachkriegszeit zuwenden, so finden wir tatsächlich bei vielen Autoren (Celan, 1920–1970; Eich, 1907–1972; Bachmann, 1926–1973 u. a.) eine auffällige Zurückhaltung gegenüber den Gefühlsäußerungen. Die Liebe ist zwar ein zentrales Thema in der Lyrik geblieben, aber die Dichter begegnen ihr voller Zweifel an der Beständigkeit des menschlichen Herzens.

Karl Krolow

Liebesgedicht

Mit halber Stimme rede ich zu dir:
Wirst du mich hören hinter dem bitteren Kräutergesicht
Des Mondes, der zerfällt?
Unter der himmlischen Schönheit der Luft,
5   Wenn es Tag wird,
Die Frühe ein rötlicher Fisch ist mit bebender Flosse?

Du bist schön.
Ich sage es den Feldern voll grüner Pastinaken.
Kühl und trocken ist deine Haut. Ich sage es
10   Zwischen den Häuserwürfeln dieser Stadt, in der ich lebe.

Dein Blick – sanft und sicher wie der eines Vogels.
Ich sage es dem schwingenden Wind.
Dein Nacken – hörst du – ist aus Luft,
Die wie eine Taube durch die Maschen des
blauen Laubes schlüpft.

LIEBESLYRIK DER MODERNE **25**

15   Du hebst dein Gesicht.
     An der Ziegelmauer erscheint es noch einmal als Schatten.
     Schön bist du. Du bist schön.
     Wasserkühl war mein Schlaf an deiner Seite.
     Mit halber Stimme rede ich zu dir.
20   Und die Nacht zerbricht wie Soda, schwarz und blau.

Texterschließung durch Gliederung	Die Verständnisschwierigkeiten, vor die dieses Gedicht seine Leser stellt, sind beträchtlich. Die folgende Strukturierung des Gesamttextes kann zur ersten Klärung der komplexen Sachverhalte führen. Formal handelt es sich um die monologische Anrede eines lyrischen Ichs an die geliebte Frau. Eingerahmt wird der eigentliche Redeteil von einer Rede-Einleitung („Mit halber Stimme rede ich zu dir") in Zeile 1 und ihrer Wiederholung in Zeile 19. Die letzte Zeile steht außerhalb der Rede und dient dem unaufhebbaren Abschluss des Ganzen.
Rahmen- und Binnenteil	Die Zeilen 2–6 gehören zur Rede-Einleitung, insofern sie in Gestalt des Fragesatzes die Aufforderung zum Zuhören und außerdem eine zeitliche Fixierung der Situation formulieren. Die wesentlichen Rede-Aussagen stehen in Z. 7–18, wobei durch die Zeilen 7 und 17 („Du bist schön") nochmals eine Art von Rahmen geschaffen wird. Dem schließt sich Z. 18 in einer Position außerhalb des ‚Binnenrahmens' an (ähnlich wie Z. 20 an den ‚Außenrahmen'). Ihre Sonderstellung besteht darin, dass sie das Ende des Gedichts vorbereitet; sie ist im Sinne dieser Funktion die einzige mit einem Imperfekt („[…] war mein Schlaf").
Monolog als Scheindialog	Die vorliegende offenbar monologische Redesituation verlangt im Grunde genommen zwei Personen. Und die zahlreichen direkten Anredeformen („Wirst du mich hören" – „hörst du") sowie die Zeile 10 („Du hebst dein Gesicht") erwecken den Eindruck, dass die Angesprochene in der Gedicht-Szene wirklich gegenwärtig ist. Z. 18 („Wasserkühl war mein Schlaf an deiner Seite") spricht vom nächtlichen Beisammensein der Liebenden, das durch den Anbruch des Morgens bedroht wird. Hierbei handelt es sich um ein ‚klassisches' Motiv der mittelalterlichen Minnelyrik (vgl. Kapitel 10). In einer kunst-
Form des Tagelieds	vollen Liedform, dem sogenannten „Tagelied", das oft als Wechselgesang der Liebenden gestaltet wurde, beklagen sie das Herannahen des Tages und das Ende ihrer

Liebesnacht. Mit der Erinnerung an diese lyrische Ur-Situation schafft Krolow ein szenisches Arrangement, das eindeutig auf die unmittelbare Anwesenheit der Geliebten hinweist.

Andererseits wird das Du durch die metaphorische Formulierung „hinter dem bitteren Kräutergesicht des Mondes" in geradezu unerreichbare Ferne entrückt. Diese sinnbildliche Distanz kann aufgrund ihrer Irrealität nur auf das innere Verhältnis der beiden bezogen werden; sie ergäbe sonst keinen Sinn. Damit führen aber gleich die ersten Zeilen in ein zentrales Problem der modernen Liebeslyrik: den Widerspruch aus räumlicher Nähe und seelischer Ferne zwischen den Liebenden. Die Charakterisierung des Schlafs an der Seite der Geliebten als „wasserkühl" deutet auf dieselbe Spannung von intimer Nähe und leidenschaftsloser Distanziertheit. Für Hugo Friedrich liegt in dieser Konstellation ein Wesenszug der neueren Liebesdichtung (vgl. Friedrich, 1956, S. 175). Tatsächlich kennt das traditionelle Gedicht eher das gegensätzliche Erlebnis: die starke innere Verbundenheit trotz räumlicher Trennung („Wenn ich ein Vöglein wär"). Dagegen bezeugen zahllose Gedichte des 20. Jahrhunderts den tief gehenden Wandel des Motivs, wie er sich in Krolows Text darbietet. Sie sprechen von der inneren Fremdheit zwischen den Liebenden, auch von der Sehnsucht, sie zu überwinden, nicht aber von Harmonie und Hingabebereitschaft.

Innere Ferne zwischen Liebenden

Entsprechend ist auch die Kommunikation als vertrauensvolles Zwiegespräch unter den Partnern schwierig geworden. Die Eingangsfrage von Krolows Gedicht „Wirst du mich hören?" und der Appell „hörst du" (Z. 13) signalisieren die Ungewissheit des lyrischen Ichs über die Anteilnahme des Du. Ob es sich der Anrede durch den Geliebten öffnet, bleibt unklar. Der Text bietet keinen Hinweis dafür, dass es die Rede überhaupt wahrnimmt. Insofern handelt es sich – wie so oft in der Lyrik – um ein Selbstgespräch, in dem das Ich seine Empfindungen mitteilt, während die Gefühle des andern weitgehend im Dunkeln bleiben.

Kommunikative Probleme der Partner

Wenn wir den eigentlichen Redeteil der Zeilen 7–18 betrachten, so können zwei Aussageschichten voneinander unterschieden werden: die Schönheit der Geliebten und das Sich-Aussprechen des lyrischen Ichs.

Das geschieht in der bekannten Figur des dreifachen Beschwörungszaubers („Du mußt es dreimal sagen!"). Der dreimaligen Schönheitsbeteuerung (Z. 7 und 17) entspricht das dreimal wiederholte „Ich sage es" (Z. 8, 9 und 12). Es gibt in diesem inneren Kommunikationsteil des Gedichts zwei Adressaten, nämlich das Du und – auf anderer Sinnebene – die Felder, die Stadt, den Wind. Da alle Ansprachen unerwidert bleiben, verlaufen die Äußerungen des lyrischen Subjekts echolos im Leeren. Ohne Beziehung fügt sich Aussage an Aussage. Ihre syntaktische Isoliertheit gibt zu erkennen, dass eine unmittelbare Verbindung zwischen dem Liebenden, dem Du und der ‚Welt' nicht besteht. So ist das Ich der modernen Lyrik in eine Vereinzelung geraten, die beispielsweise Goethes Liebesdichtung noch nicht kannte. In seinem „Maifest" (vgl. S. 82 f.) sind die Naturvorgänge mit den Gefühlserlebnissen des Menschen noch so innig verwoben, dass sich das eine im andern spiegelt. Während die Welt dort dem Liebenden antwortet, bildet sie hier ein schweigendes Gegenüber.

Aber die Natur spielt selbstverständlich auch in Krolows „Liebesgedicht" ihre elementare Rolle. Vor allem zur Beschreibung der Geliebten benutzt das lyrische Ich Naturvergleiche, deren Sinn nicht ganz leicht zu erkennen ist. Die wichtigsten Aussagen über das Du finden sich in den Zeilen 11–17. Die dabei verwendete Bilderreihe gilt es zu entschlüsseln, wenn wir das Ganze verstehen wollen. Das wird allerdings nur gelingen, wenn wir die Metaphern und Chiffren als zusammenhängenden Kontext betrachten. In ihrer isolierten Stellung bleiben sie meist rätselhaft dunkel.

Zunächst vergleicht das Ich den Blick der Frau mit dem eines Vogels, dann spricht es von seiner Anrede des „schwingenden Windes"; danach formuliert es die Analogie zwischen dem Nacken der Geliebten und der Luft, die ihrerseits wieder mit einer entschlüpfenden Taube verglichen wird. Was sich als Einzelbild der unmittelbaren Erklärung entzieht, erschließt sich in der Addition der Bilder. Die körperlichen Besonderheiten der Frau (Blick, Nacken), die das Gedicht hervorhebt, werden durch die Verknüpfung mit Vergleichselementen wie Vogel/Taube bzw. Wind/Luft gleichsam entmaterialisiert, in Bewegung gesetzt und verflüchtigt; sie wer-

---

Marginalien:
- Beziehungslosigkeit des Subjekts
- Beziehung zwischen Mensch und Natur
- Entschlüsselung der Naturbilder

den ungreifbar. Ähnliches wiederholt sich auf höchst kunstvolle Weise in Z. 15 f. Das Gedicht vermittelt nicht den realen Anblick eines Frauengesichts, sondern verwandelt es in ein Schattenbild an der Ziegelwand und beraubt es damit seiner substanziellen Körperlichkeit. Die nachfolgende Zeile 17 mit ihrer spiegelsymmetrisch angeordneten Verdoppelung „Schön bist du. Du bist schön" wirkt wie ein rhetorischer Reflex auf die poetische Darbietung des Gesichts als Abbild des Urbilds. Hier zeigt sich die hochgradige künstlerische Bewusstheit, mit der das Gedicht die zunehmende Vereinsamung und Kommunikationslosigkeit in poetischen Bildern veranschaulicht.

Die Schönheit der Geliebten in Krolows Gedicht – das hat die Bildinterpretation des Redeteils gezeigt – ist eine körperlose Schönheit. Dem entsprechen auch die vergleichbaren Bilder der Rede-Einleitung. In Z. 4 wird die höchste, nämlich „himmlische Schönheit" der Luft zugesprochen. Das fügt sich in genauem Sinn zu der Flüchtigkeit, die dem Du anhaftet. Die metaphorische Umschreibung der Frühe als „Fisch mit bebender Flosse" (Z. 6) wiederholt in variierter Form die Aussage, die wir dem Vergleich des ‚Vogelblicks' entnehmen: das unstete Auf-dem-Sprung-Sein, die Vorstellung von einer unvorhersehbaren Fluchtbewegung, die als diffuse Grundstimmung das Gedicht durchzieht. Auch der Mond hat keinen Bestand (Z. 3), ebenso wenig wie der Schatten des Gesichts, den er hervorbringt.

> Körperlose Schönheit der Frau

Mit dem Bild des Fisches verknüpft sich eine weitere Bedeutungskette. Es werden Assoziationen mit dem Bereich des Wassers und der Kühle hervorgerufen, die in der Gesamtatmosphäre des Gedichts eine wichtige Rolle spielen. „Kühl und trocken" nennt das lyrische Ich die Haut der Geliebten (Z. 9) und evoziert damit den Eindruck von innerer Kälte, Leidenschaftslosigkeit. Noch stärker geht diese Wirkung von der ‚Wasserkühle' des Schlafs aus (Z. 18). Anstelle der traditionellen Feuer- oder Glutmetaphorik konfrontiert uns das Gedicht mit Bildern von Wasser und Kälte, die schwerlich auf ein erotisches Verhältnis bezogen werden können.

> Wasser-Metaphorik: leidenschaftslose Kühle

Die beiden Metaphernreihen, in denen die Sinnbezirke des flüchtig Bewegten und flüssig Kühlen sich zu einem sinnvollen Komplex vereinen, dienen dem Dichter zur

> Wasser-Metaphorik: die nicht greifbare Liebe

LIEBESLYRIK DER MODERNE

poetischen Darstellung seiner Auffassung von Liebe als einem Nichtfassbaren, nicht Festzuhaltenden, dem leidenschaftliche Erotik fremd ist. Das Bild des Wassers zur dichterischen Beschreibung der Liebe, das bei Krolow nur in versteckter Andeutung erscheint, hat eine sehr viel direktere Ausprägung bereits bei Yvan Goll (1891–1950) erhalten, der ein Liebesgedicht mit den Zeilen beginnt:

> Ungreifbarer als Wasser
> Du mir Geschenkte.
> (DL, S. 254)

Die 8. Zeile dieses Gedichts verallgemeinert die subjektive Empfindung zur Erkenntnis: „Alles lieben und nichts fassen". Der Anfangsvers eines anderen Liebesgedichts von Goll lautet: „Du bist ungreifbarer Wie ein Bach" (ebd.).

Vor dem Bedeutungshintergrund dieser Bildvergleiche verstehen wir, dass Krolows „Liebesgedicht" etwas Ähnliches meint, wenn es die Geliebte in eine körperlos flüchtige Erscheinung verwandelt und in den Kontext des fliehend Bewegten (Luft, Wasser) bringt. Die Beständigkeit von Beziehungen ist in Frage gestellt, die In-Besitznahme des geliebten Menschen, von der Ulla Hahns „Bildlich gesprochen" (vgl. S. 13) ausgeht, erscheint undenkbar. So entwirft das Gedicht eine Liebe, die keine Dauer, sondern nur ein flüchtiges Sein kennt. Mit dieser Vorstellung korrespondieren auch die beiden Zerfallsbilder zu Beginn und am Schluss des Gedichts: Der Mond zerfällt – die Nacht zerbricht. Der Mond gilt als der freundlich vertraute Begleiter der Liebenden in zahllosen traditionellen Gedichten. Krolow verfremdet ihn durch das ungewöhnliche Bild des „bitteren Kräutergesichts", dem keine exakte Bedeutung zugeordnet werden kann, mit dem sich aber Konnotationen des Enttäuschenden und der Trauer verbinden. Das Zerfallen des Mondes verweist in der ‚realen' Ebene auf das Herannahen des Morgenlichts; im übertragenen Sinne enthält es zugleich Anspielungen auf das drohende Ende der Liebesbegegnung. Zum Bild des Mondes gehört nämlich die Nacht, die als die hohe Zeit der Liebe gilt. Im Vergehen der Nacht beim aufdämmernden Morgen spiegelt sich das Verlöschen der Liebe. Die Verben, mit denen

Metaphern der flüchtigen Bewegung

Metaphern des Zerfalls: Unbeständigkeit der Liebe

der Text den Wechsel der Naturphänomene beschreibt, verleihen dem Vorgang eine beängstigende Gewaltsamkeit. Das lyrische Ich erlebt in ihnen gerade nicht das rhythmische Kommen und Gehen, sondern eine unwiderrufliche Zerstörung, die es auf das Liebeserlebnis bezieht. Im „Zerfallen" und „Zerbrechen" drückt sich eine Entzweiung der Dinge und Wesen aus, die nicht rückgängig gemacht werden kann. Sie betrifft vom primären Textsinn her vor allem die beiden Liebenden. Aber die kommunikative Gesamtsituation des Gedichts (Z. 8–12) legt es nahe, das Bild dieser Vereinzelung als Ausdruck der Beziehungslosigkeit unter den Menschen überhaupt zu verstehen.

Von hier aus bekommen auch die Metaphern der Kälte einen zusätzlichen Sinn. „Kühl" verweist im Gedichtkontext zunächst auf das leidenschaftslose Verhältnis zwischen den Liebenden. Darüber hinaus werden menschliche Verhaltensweisen als „kühl" bezeichnet, die sich durch eine distanzierte Unbeteiligtheit, durch seelische Kälte charakterisieren und eine herzliche Begegnung nicht zulassen. Für den Liebenden ist eine solche Empfindungskälte eigentlich undenkbar. Wenn das lyrische Ich dennoch den Eindruck der Kühle in der Liebesbeziehung erweckt (Z. 9 und 18) und das Gedicht diese Atmosphäre verbreitet, dann erklärt sich das aus der Gewissheit über den drohenden Zerfall der Liebe. Das tief verletzbar gewordene Subjekt sucht sich durch eine innere Distanz zum Gefühl vor der Erschütterung zu schützen. So sprechen die Metaphern der Kälte – ebenso wie die Flucht-Metaphern – von der Selbstbewahrung des Ichs und von seiner Angst, sich in der Liebe zu verlieren. Gleichzeitig verdeutlichen sie im Zusammenhang mit den Zerfallsbildern einen Zustand, in dem die Liebenden auch durch die innige Begegnung („Schlaf an deiner Seite") gar nicht mehr zueinander finden können.

Metaphern der Kälte: Einsamkeit

Schutz vor den Gefühlen

Hugo Friedrich gewinnt diesen „harten Bildern" und schwierigen Metaphern der modernen Liebeslyrik einen durchaus positiven Aspekt ab. Die zerbrechenden Gefühle – so deutet er den Vorgang – retten sich in eine „kreative Sprache", die bis dahin unbekannte poetische Dimensionen erschließt. Da der überlieferte lyrische Bild- und Formelschatz die moderne Erfahrung von der Brüchigkeit der Liebesbeziehungen nicht angemessen

Neue Bildersprache der modernen Lyrik

Verschlüsselung, hermetische Dichtung

vermitteln kann, schaffen die Dichter auf dem Boden ihrer Erlebnisse neuartige Sprachgebilde. Deren Merkmal ist eine tief verschlüsselte, kaum verständliche (hermetische) Sinnschicht (vgl. Friedrich, 1956, S. 175 f.).

Diese Tendenz der modernen Lyrik, Gefühle in dunklen, irritierenden Metaphernkombinationen und isolierten Chiffren eher zu verbergen als zu enthüllen, hat ihre wesentliche Ursache in der kommunikativen Scheu. Wie Krolow in seiner anfangs erwähnten Abhandlung über das Liebesgedicht darlegt, ist die Bereitschaft zum Aussprechen persönlicher Empfindungen durch die zunehmende Entfremdung auch unter vertrauten Menschen empfindlich gestört. Daher spricht das lyrische Ich seines „Liebesgedichts" zu Feldern, Häusern und zum Wind, nicht aber zu teilnehmenden Menschen.

<small>Kommunikationsprobleme zwischen Leser und Text</small>

Das Gedicht selbst richtet sich an den Leser und ist auf dessen Kommunikationswillen angewiesen. Aber es macht ihm aufgrund der hermetischen Struktur den Dialog nicht eben leicht. Wir sehen darin ein Hauptmerkmal der Lyrik aus den 50er- und 60er-Jahren. Texte wie I. Bachmanns „Nebelland" (DL, S. 303), G. Benns „Liebe" (DL, S. 260) oder P. Celans „Chanson einer Dame im Schatten" (DL, S. 298), in Stilhaltung und Thematik dem Krolow-Gedicht verwandt, widersetzen sich dem unmittelbaren Verstehen oder einfühlenden Miterleben. Sie können mit ihren sprachlichen Verfremdungen eine spontane Faszination ausüben. Sie erschweren aber – wie man kritisch gegen sie eingewandt hat – oder „verhindern die Identifikation von Autor und Leser" (H. Lehnert, 1972, S. 106). Selbstverständlich streben diese Liebesgedichte eine Leser-Identifikation gar nicht an. Ebenso wenig wie sich das Verhältnis zwischen den Liebenden innerhalb der Gedichte als fragloses Einssein erweist, kann sich auch die Beziehung des Lesers zum Text nicht als harmonische Übereinstimmung vollziehen. So spiegelt die schwierige Rezeption alle jene Probleme wider, die die modernen Autoren mit der Liebe und ihre Gedichtfiguren miteinander haben.

<small>Traditionelle Lyriksprache und modernes Bewusstsein: Brecht</small>

In gänzlich anderer Stillage als Krolow, ohne die hermetische Dunkelheit faszinierender Metaphern, sondern in sachlich nüchterner Sprache mit einfachster Wortwahl behandelt Bertolt Brecht (1898–1956) das Thema. Ihm geht es gerade um die gedankliche Durchschaubarkeit seiner Texte. Das setzt zugängliche Bilder und verständliche Strukturen voraus. Im Hinblick auf die poetische Gestaltungsweise kann Brecht also als Antipode zu Krolow und der von ihm vertretenen Lyrik betrachtet werden. Das gilt aber nicht für die inhaltlichen Aussagen der Gedichte über Liebe und Partnerschaft. Hier lassen sich, wie das nachfolgende Sonetts von Brecht (entstanden 1925/26) zeigen wird, überraschende Parallelen feststellen.

>Bertolt Brecht
>
>*Entdeckung an einer jungen Frau*
>
>Des Morgens nüchterner Abschied, eine Frau
>Kühl zwischen Tür und Angel, kühl besehn.
>Da sah ich: eine Strähn in ihrem Haar war grau
>Ich konnt mich nicht entschließen mehr zu gehn.
>
>5 Stumm nahm ich ihre Brust, und als sie fragte
>Warum ich Nachtgast nach Verlauf der Nacht
>Nicht gehen wolle, denn so war's gedacht
>Sah ich sie unumwunden an und sagte:
>
>Ist's nur noch eine Nacht, will ich noch bleiben
>10 Doch nütze deine Zeit; das ist das Schlimme
>Daß du so zwischen Tür und Angel stehst.
>
>Und laß uns die Gespräche rascher treiben
>Denn wir vergaßen ganz, daß du vergehst.
>Und es verschlug Begierde mir die Stimme.

Brecht wählt die traditionelle Gedichtform des Sonetts mit der streng gegliederten Anordnung von zwei vierzeiligen und zwei dreizeiligen Strophen. Dieses Formschema erlaubt eine klare Strukturierung der lyrischen ‚Handlung', der Reden und Gedankengänge der Gedicht-Figuren.

Sonettform

Die Anfangsstrophe umreißt eine für viele Liebesgedichte typische Situation, die auch bei Krolow anzutreffen ist: der Abschied der Liebenden nach gemeinsamer Nacht am Morgen. Die Schlusszeile der Strophe bringt eine unerwartete Wendung durch das Zögern des lyrischen Ichs, die vage Absicht zu bleiben.

Das leitet über zur 2. Strophe, in der der Mann tatsächlich umkehrt, was das Erstaunen der Frau und ihr Ver-

LIEBESLYRIK DER MODERNE

langen nach einer Erklärung hervorruft. Diese erfolgt in den Strophen 3 und 4 als direkte ‚Rede' des lyrischen Subjekts. Der erste Teil der Äußerungen (Strophe 3) richtet sich als Rat bzw. als Vorwurf an die Frau, während der zweite Teil (Strophe 4) durch die Wir-Formen eine kommunikative Gemeinsamkeit herstellt, die aber in Z. 13 und 14 wieder zurückgenommen wird. Die Schlusszeile steht bereits außerhalb der Rede und betrifft allein die Erlebnissphäre des Ichs. Sie schließt das Gedicht nicht nur formal, sondern auch mit inhaltlicher Folgerichtigkeit endgültig ab; dem Ich versagt die Stimme, und jede weitere Mitteilung wäre Indiskretion.

Kommunikative Situation

Wie im Redeteil des Krolow-Gedichts wirkt das Sprechen des lyrischen Ichs auch hier eher monologisch, ohne erkennbare Reaktion auf Seiten der Frau. Die Rede stiftet also keinen dialogischen Kontakt, sondern dringt beziehungslos auf die Angesprochene ein, lieblos im Ton wie im Inhalt. Dennoch steht das Gedicht ganz im Zeichen einer Liebesbegegnung, und zwar einer vor allem von Sexualität geprägten Liebe. Das gesamte Geschehen ist eingebettet zwischen „nüchternen Abschied" (Z. 1) und „Begierde" (Z. 14), in denen wir die Signale der psychischen Kälte erblicken, wie sie Erlebnissen ohne Zärtlichkeit und menschliche Wärme eigen ist. Das zweifach eingesetzte Adverb „kühl", einmal auf die Frau, dann auf den Blick des Mannes bezogen, verstärkt – wie die Kälte-Metaphern Krolows – den Eindruck der seelischen Ferne zwischen den beiden. Zweimal benutzt Brecht auch die umgangssprachliche Redensart „zwischen Tür und Angel". In Z. 2 unterstreicht sie die Flüchtigkeit, mit der die ‚Liebenden' sich ohne Anteilnahme wie Fremde an der Tür voneinander zu trennen gedenken.

Monologisches Sprechen

Fehlen innerer Anteilnahme

Einen „Nachtgast" nennt Z. 6 das lyrische Subjekt. „Gast" aber kann jemand nur dann sein, wenn er eigentlich ein Fremder ist. Und das ist der Mann trotz der intimen Begegnung geblieben. Ein wirkliches Zueinanderfinden, das den Abschied mit Trauer beschweren würde, hat sich nicht ereignet. Dies alles entnimmt der Leser den ersten Zeilen, wenn er die ‚Vorgeschichte' der verlaufenen Nacht gedanklich rekonstruiert, um sich im Gedichtanfang zurechtzufinden.

Fremdheit zwischen Liebenden

Die disharmonische, qualvolle Situation des Eingangsbildes spiegelt sich zusätzlich im rhythmischen ‚Miss-

Disharmonie im Rhythmus

klang' der ersten beiden Zeilen. Leicht und getragen, mit zweisilbiger Senkung klingt zunächst „Des Morgens nüchterner Abschied". Die Begegnung scheint sich problemlos zu erledigen. Dann stockt der Verlauf, und mit drei Pausierungen („eine Frau / kühl / zwischen Tür und Angel / kühl besehn") erreichen die Zeilen nur mühsam ihr Ziel. Das ist bei Brechts sorgfältigem Einsatz formaler Mittel kein Zufall. Der unbeholfene Rhythmus verrät innere Widerstände des lyrischen Ichs; er kündigt das Zögern, das Umwenden des Mannes an, das in der folgenden Zeile mit einer belanglos scheinenden Wahrnehmung einsetzt: der grauen Strähne im Haar der Frau.

Nun wird eine emotionale Betroffenheit spürbar – Mitleid vielleicht –, die den Wunsch zum Bleiben wachruft. Die Frau, die damit nicht gerechnet hat, erhält vom lyrischen Ich sogleich die begründenden Erklärungen. Sie bilden das gedankliche Zentrum des Gedichts, in dem sich der Liebesbegriff mit befremdenden Argumenten entfaltet.

Der Mann gewährt der Frau über die geplante Nacht hinaus noch eine weitere und verbindet dieses ‚Geschenk' mit der Aufforderung: „Doch nütze deine Zeit". Indem er von der Zeit spricht, stellt er einen wenig liebevollen Zusammenhang mit der grauen Haarsträhne her, die ja ein Warnzeichen für das Altern und den körperlichen Verfall ist. „Nütze deine Zeit" lässt sich demnach verstehen als ein Appell an die Frau, das Glück der sinnlichen Liebe rechtzeitig wahrzunehmen, bevor ihre Jugend und Schönheit vergehen – ein Prozess, der bereits sichtbar im Gang ist. Die Mahnung zum zeitigen Genuss der Sinnenfreuden angesichts der Vergänglichkeit des Menschen findet sich vor allem in der Liebeslyrik des Barock (vgl. Kapitel 9). Brecht, der damit bestens vertraut ist, bedient sich dieser Gedanken, um die Flüchtigkeit der Liebe im Bild von der kurzen Dauer der körperlichen Schönheit auszudrücken. Unbeständig wie unsere leibliche Erscheinung sind auch Gefühl und Leidenschaft. Während Krolow die Vergänglichkeit der Liebe in Metaphern der Entmaterialisierung versinnbildlicht, benutzt Brecht gerade umgekehrt die ‚materiale' Beschaffenheit des Menschen, um mit ihr dieselbe Erfahrung zu formulieren. Das hängt vor allem damit zusammen, dass die Liebe in Brechts Gedicht ganz körperlich-sinnlich auf-

„Nütze deine Zeit!"

Unbeständige Liebe

gefasst wird. Aber auch in dieser Gestalt hat sie keinen Bestand.

Der Mahnung an die Frau lässt das lyrische Ich dann einen Vorwurf folgen: „das ist das Schlimme, daß du so zwischen Tür und Angel stehst". Die Rede ist hier von der Türschwelle als einem Ort des Übergangs, an dem man sich nicht lange aufhält. Da das Gedicht sowohl von der Liebe als auch von der Zeit spricht, wohnt dem Bild eine zweifache Bedeutung inne. Es enthält zum einen eine Anspielung auf die Vergänglichkeit: Die Frau steht auf der Grenzscheide zwischen Jugend und Alter, ja sogar zwischen Leben und Tod, wie Z. 13 („daß du vergehst") zu entnehmen ist.

Vergänglichkeit des Menschen

Der zweite Sinn der Redewendung „zwischen Tür und Angel" ergibt sich aus dem Kontext mit dem Liebesthema. Es handelt sich hier ja auch um den Ort des Hauses, an dem man innerlich „auf dem Sprung ist", an dem man die Besucher flüchtig abfertigt, auf die man sich nicht ernstlich einlassen will. So hat das lyrische Ich offenbar das nächtliche Beisammensein empfunden. In dem Gedicht „An die Nachgeborenen" formuliert Brecht diesen beiläufigen Umgang unter Liebenden: „Der Liebe pflegte ich achtlos" (NC, S. 704f.). Genau das aber ist in den Augen des Gedicht-Subjekts „das Schlimme", denn die Liebe verlangt erotische Begeisterung, Hingabe.

Unter diesem Aspekt bekommt nun die Mahnung „Nütze deine Zeit" eine Bedeutung, die, über den temporalen Sinn hinaus, an eine andere innere Haltung der Frau gegenüber der Liebe appelliert: leidenschaftliche Teilnahme statt unbeteiligter Erledigung. Für solches Erleben, das zwischen den beiden nicht eingetreten war, schenkt ihr der Mann die zusätzliche Nacht. In ihr soll das Versäumnis nachgeholt werden, wozu der Mann mit der Aufforderung ermuntert: „Laß uns die Gespräche rascher treiben". Damit ist nicht ein verbaler Austausch gemeint, sondern das intensive Steigern der Umarmungen. Körperkontakt und intime Berührung werden als kommunikativer Vorgang verstanden, der Sprache vergleichbar, die Einverständnis herstellt (vgl. A. Behrmann, in: *Gedichte und Interpretationen*, Bd. 5, Stuttgart: Reclam, 1983, S. 270ff.). Deshalb verwendet das lyrische Ich hier auch das Personalpronomen „uns", um die Intention der Gemeinsamkeit des Erlebens auszudrücken.

Sinnliche Leidenschaft

In hintergründiger Verknüpfung bringt das Adverb „rascher" wieder das Motiv der Zeit ins Spiel, obwohl es hier gar nicht zeitlich, sondern in metaphorischem Sinne als qualitative Intensivierung der Erlebnisse gemeint ist. Denn natürlich kann man der Flüchtigkeit der Begegnung nicht dadurch entgegenwirken, dass man „rasch" („zwischen Tür und Angel") handelt. Im Gegenteil wird das Flüchtige dadurch noch flüchtiger. Nur durch die Steigerung des Augenblicks zu höchster Erlebnisdichte gewinnt der Moment eine Fülle, die etwas Bleibendes in den Beteiligten bewirkt. Das ist der Sinn der 12. Zeile, und darin liegt der eigentliche Inhalt der „Entdeckung", von welcher der Gedicht-Titel spricht.

Erlebnisintensität schafft Dauer

Die vorletzte Zeile liefert zu dieser Einsicht noch eine merkwürdige Begründung: „Denn wir vergaßen ganz, daß du vergehst". Dem üblichen Wortsinn nach nimmt die Zeile den Gedanken von der zeitlichen Vergänglichkeit auf, der in Z. 10 anklingt. Doch warum sollte das Vergehen (Altern und Sterben) nur die Frau und nicht auch den Mann treffen? Die Unstimmigkeit löst sich dadurch, dass Brecht das Wort nicht im temporalen, sondern im übertragenen Sinne verwendet. Edgar Marsch erläutert die Zeile 13 mit der Bemerkung: „‚Vergehen' ist Verbalmetapher des Vergessens. Wiederholung der Liebesbegegnung scheint das ‚Vergessen' aufzuhalten" (E. Marsch, *Brecht-Kommentar zum lyrischen Werk*, München: Winkler, 1974, S. 150). Damit erklärt sich auch der Gesamtzusammenhang des Gedichts: Die erste, flüchtig erlebte Liebesnacht wird aufgrund ihrer Eindruckslosigkeit dem schnellen Vergessen anheimfallen. Dagegen wird die mit starker Leidenschaft durchlebte Begegnung Spuren im Bewusstsein hinterlassen, die länger in der Erinnerung haften, wenngleich auch sie letztlich verblassen. Zu diesem außerordentlichen Erlebnis ist das Ich bereit, und dazu fordert es die Partnerin auf, weil es die Begegnung der raschen Vergänglichkeit entreißen will, an die sie zuvor nicht gedacht hatten. Mehr kann man der Flüchtigkeit der Liebe nicht entgegensetzen.

Gegen die Flüchtigkeit der Liebe

Die Vorstellung, dass man aufgrund der beliebigen Wiederholbarkeit des Erlebnisses die Beziehung ‚verewigen' könnte, wird durch das Gedicht-Subjekt von vornherein abgewehrt: Es gewährt nur eine einzige Nacht. Entsprechend ist auch der Gedanke an eine anhaltende Bin-

LIEBESLYRIK DER MODERNE

dung dem Liebesgedicht so völlig fremd, dass es in ihm nicht einmal Klage oder versteckte Trauer gibt.

Brechts lyrische Figur macht also dieselbe Vergänglichkeitserfahrung der Liebe wie die von Krolow. Aber sie setzt ihr einen, wenn auch nur hinhaltenden Widerstand entgegen, während das lyrische Ich bei Krolow melancholisch resigniert. Das erotisch begeisterte Gedicht-Subjekt unternimmt den Versuch, die Kühle und Fremdheit zwischen den Menschen durch „Wärme aus Körpernähe" als „unsere einzige Gnade in der Finsternis" (Brechts „Im Dickicht der Städte") zu überwinden. Aber ein Konzept für die Aufhebung der menschlichen Vereinzelung durch die Liebe können wir darin nicht erblicken, weil die Liebe auch für Brecht vergänglich ist wie der Flug der Wolken. In seinen schönsten Liebesgedichten („Erinnerung an die Marie A." und „Die Liebenden") wählt er dieses Bild von der Wolke als Symbol für die Unbeständigkeit der Liebe. Es drückt sich darin eine Erfahrung aus, die zum Leitmotiv in der Liebeslyrik des 20. Jahrhunderts geworden ist.

> Trotz der unterschiedlichen Stiltendenzen äußert sich in der modernen Lyrik ein weithin übereinstimmendes Bewusstsein von der Liebe. Auf dem Boden zunehmender Fremdheit und sozialer Kälte zwischen den Menschen werden vertrauensvolle Kommunikation und dauerhafte Beziehungen unmöglich. Krolows Lyrik gestaltet diese Erfahrung als unabwendbares Schicksal in schwierigen Metaphern und Chiffren von hohem ästhetischen Reiz. Brecht wählt eine nüchtern argumentierende Gedicht-Sprache, und er setzt mit dem erotischen Erlebnis seiner Gedicht-Figuren ein Zeichen vergeblichen Widerstands gegen die Flüchtigkeit der Liebe.

3 „Eine schöne Kunstfigur"

Liebesgedichte der Jahrhundertwende

> Die Literatur der Jahrhundertwende bildet mit George, Rilke und Hofmannsthal unter ästhetischen Aspekten einen Höhepunkt deutschsprachiger Lyrik. Im Folgenden soll von jedem der drei Autoren ein Liebesgedicht vorgestellt und daran gezeigt werden, wie sich eine gemeinsame Tendenz zur Verwandlung von Erlebnissen und Gefühlen ins formal gelungene Kunstwerk vollzieht.

„Das Grundproblem aller Kunst ist: wie sie ihr Verhältnis zum Leben herstellt." Diese Feststellung von Peter Wapnewski in einem Aufsatz über Rilke (in: *Zumutungen. Essays zur Literatur des 20. Jahrhunderts*, München: Deutscher Taschenbuch Verlag, 1982, S. 81) behauptet im Bewusstsein des heutigen Lesers ihre Geltung gerade auch für das Liebesgedicht. In ihm treffen zwei Phänomene zusammen: die in der Realität erfahrbare Liebe und die ästhetischen Gestaltungsmomente, die das Leben in künstlerischer Sprache vermitteln. Wir erwarten im Gedicht eine glaubwürdige Relation zwischen der zugrunde liegenden Wirklichkeit und ihrer poetischen Verarbeitung. Neben der besonderen sprachkünstlerischen Qualität erhoffen wir uns von der Liebesdichtung Einsichten, die unseren subjektiv begrenzten Erkenntnishorizont erweitern und uns das Wesen der Liebesbeziehungen besser verstehen lassen.

Das Verhältnis zwischen Wirklichkeitsgehalt und Kunstcharakter kann sich nun in die eine oder die andere Richtung verschieben. In Krolows „Liebesgedicht" (vgl. S. 25 f.) wird deutlich, wie mit Hilfe faszinierender Sprachbilder bewusst eine Ungenauigkeit der Gefühlsinhalte herbeigeführt wird. Dagegen bewahrt in Ulla Hahns „Bildlich gesprochen" (vgl. S. 13) die Realitätsfülle der Empfindungen ein spürbares Übergewicht.

Die Lyrik der Jahrhundertwende mit den Gedichten von George (1868–1933), Hofmannsthal (1874–1929) und

Wirklichkeit und Kunstwerk

Ästhetisierung der Liebe in der Lyrik

Ästhetizismus bei Brentano

Rilke (1875–1926) zeichnet sich durch eine besondere Akzentuierung der ästhetischen Momente aus. Darauf spielt die Überschrift dieses Kapitels an, die dem leitmotivischen Vers des Märchens „Gockel, Hinkel und Gackeleia" von Clemens Brentano (*Werke*, Bd. 3, München: Hanser, 1965, S. 617) entnommen ist:

> Keiner Puppe, sondern nur
> Einer schöne Kunstfigur.

Gemeint ist damit, dass dem Dichter die Gegenstände seiner Dichtung zu bloß künstlichen Erscheinungen werden können, wenn er sie nach eigenem Belieben aus der Wirklichkeit in die Kunst hineinversetzt. Sie erhalten dann eine andere, phantastische Realität („Kunstfigur"), die von der alltäglichen (die „Puppe" ist in dem Spruch als wirklich anschaubare Figur gemeint) ganz verschieden ist und trotzdem mit ihr auf rätselvolle Weise verbunden bleibt. Den Romantiker Brentano mit seinem ‚hochartifiziellen Temperament' haben – wie sehr viele andere Dichter auch – die komplizierten Wechselwirkungen zwischen Kunst und Leben sehr beunruhigt.

Stefan Georges gehobener Stil

Das nachfolgende Liebesgedicht von Stefan George aus dem „Siebenten Ring" (1907) soll als Grundlage dienen, um diese allgemeinen Überlegungen zu konkretisieren.

Stefan George

Im windes-weben

Im windes-weben
War meine frage
Nur träumerei.
Nur lächeln war
5   Was du gegeben.
Aus nasser nacht
Ein glanz entfacht –
Nun drängt der mai
Nun muss ich gar
10   Um dein aug und haar
Alle tage
In sehnen leben.

Musikalisch-rhythmische Verläufe, Klangmalerei, ein kunstvolles Spiel mit den Endreimen und die unerhörte Dichte der Aussage bestimmen den ersten Rezeptionseindruck. Besonders auffällig ist die gehobene Sprechweise, die alle umgangssprachlichen Elemente meidet.

Kompositorisch gliedert sich der Text in drei Teile. Die Zeilen 1–5 bilden eine Art Exposition mit der werbenden Frage des Liebenden nach der Zuneigung des Du und dessen zustimmender Gebärde („lächeln"). Den rhythmischen Charakter der zweihebigen Zeilen empfinden wir durch die Längen der betonten Silben als schwebend, getragen, zögernd wie die Aussagen. Intensive Klangbindungen entstehen durch die gehäuften w-Anlaute (Alliteration), und der Endreim („weben/gegeben") schließt die fünf Zeilen, die syntaktisch und aufgrund ihrer Zuordnung zu den beiden Gedicht-Figuren zweigeteilt sind, zu einer Einheit zusammen.

Struktur und rhythmischer Verlauf

Eine Sonderstellung als Mittelachse des Gedichts kommt den Zeilen 6 und 7 zu. Es ändert sich gegenüber den vorhergehenden sowie den nachfolgenden fünf Zeilen das rhythmische Tempo: Die betonten Silben sind alle kurzvokalig und lauten alle auf -a-. Die Wirkung ist dynamisch aufsteigend, stakkatohaft. Die Paarreimbindung und der Gedankenstrich als Hinweis auf eine deutliche Pause bekräftigen das Eigengewicht der beiden Zeilen. Sie formulieren in einem Bild von hoher poetischer Konzentration durch den Gegensatz Finsternis – Helligkeit (wobei das Adjektiv „nass" sowohl Tränen als Regen suggeriert) die unerhörte Freude, welche die Liebesbegegnung auslöst. Wie selbstverständlich steht diese Aussage im formalen Zentrum des Gedichts. Am Glücksfall solcher Bilder versteht man, dass ‚Dichtung' der Wortherkunft nach mit ‚dicht' zusammenhängt.

Sonderstellung des Mittelteils

Die Zeilen 8–12 kehren zum musikalischen Typus der Anfangsgruppe zurück. Wieder sind die Hebungen von Langvokalen bestimmt. Doch der Tonfall ist härter geworden, was davon herrührt, dass alle Wörter der Zeilen 8–10 einsilbig sind, dass die Zeilen nicht mehr gleitend ineinander übergehen, sondern sich zu isolieren beginnen: Der Komplex gliedert sich in drei Teile (Z. 8f., 10f. und 12). Auch metrische Verschiebungen erzeugen eine spürbare Unregelmäßigkeit. Z. 10 weist als einzige drei Hebungen auf und besitzt einen schwebenden Charakter; dem folgt der schroffe Kurzvers „Alle tage", dessen Weiterführung durch das „In" der Schlusszeile aufgrund des Vokalzusammenstoßes behindert wird. Wir ‚vermis-

Rhythmische Unregelmäßigkeiten

sen' die harmonischen Übergänge des Anfangsteils. Aber der dritte Abschnitt des Gedichts spricht von den beängstigenden Wirkungen der Liebe auf das lyrische Ich, von der inneren Unruhe und der unerfüllten Sehnsucht, so dass mit einer Harmonie der Versformen hier nicht mehr zu rechnen ist.

Kunstvoll symmetrischer Aufbau

Der kunstvolle symmetrische Aufbau des Gesamtgedichts spiegelt sich formal nicht nur in der Mittelachse, sondern in den Reimentsprechungen der Zeilen 1 und 12 („weben/leben") und der Zeilen 2 und 11 („frage/tage"). Auch die zweimalige Verwendung der Stilfigur der Anapher (Wiederholung der Anfangsworte) in den Zeilen 3 f. („Nur") und 8 f. („Nun"), die der Ausdrucksintensivierung dient, unterstreicht die Korrespondenz zwischen dem ersten und dritten Teil des Gedichts. Diese kompositorische Struktur bestimmt, neben der Musikalität, die großen ästhetischen Wirkungen, die von dem Text ausgehen.

Wortwahl und ‚hoher Stil'

Die inhaltlichen Aussagen charakterisieren sich durch eine zurückhaltende, metaphorische Sprechweise, in der jede direkte Gefühlsmitteilung vermieden wird. George verwirft aber nicht nur das geläufige Herz-Schmerz-Vokabular, sondern er sucht das ungewöhnliche, gewählte Wort überhaupt. So heißt das Wehen des Windes hier „windes-weben", wobei Konnotationen des geheimnisvollen Naturwirkens hineinspielen. Das Gefühl der Sehnsucht artikuliert der Dichter mit der seltsamen Wendung „in sehnen leben", die Zeilen der höfischen Minnelyrik entstammen könnte. Es entsteht auf diese Weise eine Stillage, von der Adorno schreibt, dass sie dem „Ideal des Edlen" verpflichtet sei und auf mittelalterliche Formen und Seelenhaltungen zurückgreife (vgl. Th. W. Adorno, 1961, S. 99). Zugleich werden die Liebesempfindungen des lyrischen Ichs, die das Gedicht beherrschen, sprachlich zurückgenommen und in eine Distanz zum Ausdrucksbedürfnis des Sprechers gebracht. Die Beobachtung an Krolows „Liebesgedicht", dass das Erlebnis des Gedicht-Subjekts hinter dem ästhetischen Sprachbild verschwindet, gilt in gewissem Sinne auch für George.

Funktion des ‚hohen Stils'

Doch mit dem ‚hohen Stil' des Gedichts „Im windes-weben" verbindet sich noch eine weitere Absicht. Die Sprache, so deutet es Adorno, ist durch die bloße Zweckhaftigkeit des Gebrauchs heruntergekommen und innerlich unwahr geworden; sie ist ihrem Vermögen, differenzierte Seelenschwingungen auszudrücken, entfremdet. George versucht diese Entfremdung dadurch aufzuheben, dass er die Diktion in seiner Lyrik „übersteigert zur Entfremdung einer eigentlich schon nicht mehr gesprochenen Sprache" (Adorno, 1961, S. 101). Dadurch zwingt das Gedicht, über die Sprache der Liebe neu nachzudenken. Wir können Georges Liebesgedicht nicht mehr „abtätscheln", wie es Adorno ironisch formuliert. Es setzt dem Leser Widerstände entgegen und führt ihn ins Unvertraute – weniger auf der Ebene des Verständnisses als auf der des Stils.

Auch äußerlich bricht George mit der konventionellen Orthographie und Interpunktion. Er übernimmt die mittelalterliche, schon bei Jakob Grimm belebte Kleinschreibung und verzichtet auf geregelte Satzzeichen, die als Gliederungselemente der Syntax dienen. Sein Zeichengebrauch orientiert sich allein an den Aussageabsichten der Texte. So hebt George die lyrische Sprache ganz von der Gebrauchssprache ab und weist ihr einen gesonderten Rang zu. Überhaupt war seine Poesie zunächst für einen kleinen elitären Leserkreis und nicht für die Allgemeinheit konzipiert.

Kleinschreibung

Im Hinblick auf den Erlebnis- oder Stimmungsgehalt lässt sich recht vage auf eine zurückliegende, beglückende Liebesbegegnung schließen und auf die gegenwärtige Melancholie des Ichs, deren Fortdauer über die Gedichtgrenze hinausweist. Doch was den Leser in den Bann schlägt, ist weniger das psychische Geschehen als die Schönheit des sprachlichen Gebildes. Reduktion der konkreten Inhalte und künstlerische Vollendung der Form – das sind die Hauptmerkmale des Textes.

Faszination durch schöne Form

Diese am Ästhetischen orientierte Haltung Georges geht unter anderem auf den Einfluss der französischen Symbolisten zurück (Rimbaud, Mallarmé, Baudelaire). Ihnen galt – überspitzt formuliert – die Dichtung als „poésie pure", als Kunst um der Kunst willen. Dies hat für die Liebeslyrik zur Folge, dass das Erlebnis vorwiegend zum Anlass für die dichterische Gestaltung und die Hervorbringung formvollendeter Kunstwerke wird, welche der Wirklichkeit gegenüber den Vorrang besitzen. Ihre Überlegenheit beruht darauf, dass die ästhetische Faszination, die von ihnen ausgeht, folgenreiche „innere Verwandlungen hervorbringt" (Gottfried Benn, *Probleme der Lyrik*, Wiesbaden: Limes Verlag, 1951, S. 21).

Die Liebe, die in diesen hochartifiziellen Texten zum Ausdruck kommt, trägt ebenfalls die Züge des schönen Stils. Das Lächeln als Zuneigungsgeste des Du lässt sich dafür als Beispiel nennen. Nicht lebensvoll realistisch, sondern abstrakt, behutsam andeutend mutet die Beziehung der Liebenden an. Vergleicht man noch Georges berühmtes Liebesgedicht „Du schlank und rein wie eine flamme" (DL, S. 236), dann bestätigt sich der Grundcharakter des Außergewöhnlichen der Liebe, in dem sich Momente des Feierlichen, fast Religiösen mit der Verehrung des Du und einer überirdischen Sehnsucht vereinen, die nicht auf Besitz und Erfüllung drängen.

Das schwierige Problem der sprachlichen Vermittlung von Liebesempfindungen bildet ein durchgängiges Thema auch in den Dichtungen von Hofmannsthal. Das frühe Liebesgedicht „Die Beiden" (1896) konzentriert sich in Struktur und Motiv-Entfaltung auf drei miteinander verschlungene Momente:

– das Fehlen der Sprache als Kommunikationsmittel,
– das Ästhetische in Form und Gehalt des Textes,
– das Misslingen der Begegnung.

Hofmannsthals „Die Beiden"

Hugo von Hofmannsthal

Die Beiden

Sie trug den Becher in der Hand
– Ihr Kinn und Mund glich seinem Rand –,
So leicht und sicher war ihr Gang,
Kein Tropfen aus dem Becher sprang.

5   So leicht und fest war seine Hand:
Er ritt auf einem jungen Pferde,
Und mit nachlässiger Gebärde
Erzwang er, daß es zitternd stand.

Jedoch, wenn er aus ihrer Hand
10 Den leichten Becher nehmen sollte,
So war es beiden allzu schwer:
Denn beide bebten sie so sehr,
Daß keine Hand die andre fand
Und dunkler Wein am Boden rollte.

Die bisher betrachteten Gedichtbeispiele erwiesen sich als fiktive Dialoge bzw. als Monologe, in denen sich ein lyrisches Subjekt über seine Empfindungen ausspricht. In diesem Sinne können die Gedichte als ‚subjektiv' bezeichnet werden. In „Die Beiden" gibt es ein solches lyrisches Ich nicht. Hier berichtet ein ‚Beobachter' aus distanzierter Perspektive von einem Geschehen. Seine ‚objektiven' Mitteilungen verzichten fast ganz auf die psychische Innensicht. Nur Z. 11 („So war es beiden allzu schwer") gibt Einblick in die Verfassung der Figuren. [Sprecherperspektive: ‚Objektivität']

Der Dichter-Beobachter vermeidet in diesem Gedicht auch jede Rede der beteiligten Personen. Alle Gefühle, von denen der Text übervoll ist, werden in gestische Handlungen transponiert. Im Tragen des Bechers und im Zügeln des Pferdes, im Beben der Hände und im Verschütten des Weins drücken sich die Empfindungen der Liebenden unter dem Gegensatz von ‚leicht – schwer' unmittelbar aus. Es bedarf dazu keiner erklärenden Worte. Im Gegenteil: Die Sprache unterliegt der Gefahr, die Wahrheit der Gefühle zu verfehlen oder zu verfälschen. Für die Geste, die „aus tiefen Schichten des menschlichen Inneren kommt", gilt das nicht. Vielmehr tritt „in reinen Gebärden die wahre Persönlichkeit ans Licht" (H. v. Hofmannsthal, „Über die Pantomime", in: *Prosa III*. Frankfurt a.M.: S. Fischer, 1964, S. 49). Die großen Liebesbegegnungen in Hofmannsthals Lustspielen kulminieren oft in der reinen, sprachlosen Gebärde. Darin liegt auch die Grundidee von „Die Beiden", dessen Sinn sich über die Deutung der Gebärdensprache erschließt. [Gestische Ausdrucksmittel]

Beherrscht wird das szenische Geschehen von Aktionen, die mit der Hand ausgeführt werden. Sie erscheint dreimal als Endreimwort und einmal im Binnenreim (Z. 13). Die Hand ist das Organ der körperlichen Kontaktaufnahme, und man hat aus ihrer zentralen Rolle im Gedicht auf die große Bedeutung des Sinnlich-Erotischen geschlossen. Im Einzelverhalten der Figuren drücken die symbolischen Handlungen Sicherheit und gelassene Ruhe aus: in der 1. Strophe die Beherrschtheit des Mädchens, in der 2. Strophe die Überlegenheit des Reiters. Aber hier stimmt etwas nicht. Der rhythmische Gleichklang der Zeilen, die durchweg aus jambischen Vierhebern bestehen, gerät in Z. 7 „Und mit nachlässiger Gebärde" völlig aus dem Takt. Die Zeile liest sich dreihebig und mit drei [Interpretation der Gebärden] aufeinander folgenden Senkungen. Die metrische Analyse wird hier zum wichtigen Interpretationsmittel. Sie enthüllt formale Unstimmigkeiten, die Widersprüche in der Textaussage signalisieren. Was leicht aussehen soll („nachlässig"), ist in Wahrheit eine erzwungene äußere Beherrschung, die dem Zustand des Inneren nicht entspricht. Der Gedichtschluss demonstriert dann, dass die unwahre Gebärde sich selbst entlarvt.

Übermacht des Erotischen

In der Begegnung der Liebenden unter der Herrschaft des Eros verrät sich die innere Erregung im Beben der Hände. Das Gefühl erfasst die beiden so übermächtig, dass ein Zueinanderfinden misslingt. Der verschüttete Wein als ein Symbol des unerreichten Rausches gibt zu verstehen, dass ihnen das Glück der Liebe versagt bleibt. Aus dem Kontext von Hofmannsthals Werk wissen wir, dass zur Verwirklichung der Liebe Aufrichtigkeit und Vertrauen gehören. Die erotische Begeisterung allein genügt nicht, weil ihr das wahrhaft ‚Soziale' abgeht, wie der Dichter es selbst formuliert.

Fehlende sprachliche Kommunikation

Hier erweist sich nun die Sprachlosigkeit der Gedicht-Figuren als Ausdruck des zwischenmenschlichen Defizits. Die ungelösten Spannungen ihrer Zuneigung werden nicht zur Sprache und damit nicht zur Klarheit gebracht. Die Liebesbegegnung steht nämlich nicht nur im Zeichen der Leidenschaft. Z. 11 („So war es beiden allzu schwer") weist über den situationsbedingten Sinn hinaus auf die existenzielle Erschütterung der Liebenden. Beide stehen an der Schwelle zur Aufgabe des Ichs und schrecken zurück vor dem als bedrohlich empfundenen Verlust des gesicherten Selbstseins. Die Bereitschaft zur Hingabe, das zeigen die Hofmannsthal'schen Dramen, muss im vertrauensvollen Dialog vorbereitet werden, während sich Bekenntnis und Zustimmung zum Du in der Geste vollziehen. Ohne diese Vorbedingung kann partnerschaftliche Liebe nicht gelingen.

Liebesbegegnung als ‚schönes Ereignis'

Der Auftritt der beiden Gedicht-Figuren und ihre Handlungen werden in ausdrucksstarken Bildern und Gebärden dargestellt. Es sind poetische Elemente, in denen sich Schönheit versammelt. Schon der Vergleich der Gesichtszüge des Mädchens mit den Konturen des Bechers („Ihr Kinn und Mund glich seinem Rand") erzeugt eine ästhetische Wirkung. Ihr anmutiger Gang, die eindrucksvolle Erscheinung des jungen Reiters, das sich bäumende Pferd, der am Boden rollende Wein – die Wirklichkeitsausschnitte, auf die das Gedicht sich bezieht, sind in kostbarer Gestalt eingefangen. Das Ästhetische des Textes offenbart sich nicht mehr nur in seiner formal gelungenen sprachlichen Realisierung, sondern in seinen inhaltlichen Elementen, die unter den Gesichtspunkten des Schönen ausgewählt sind. Dadurch vermischt sich unter der Hand das ‚Drama' der Liebesbegegnung mit dem geschmackvoll Stilisierten, und es büßt an vitaler Unmittelbarkeit ein.

Dem jungen Hofmannsthal gelangen lyrische Gebilde von ästhetischer Virtuosität mit einer so „erschreckenden" Leichtigkeit, dass er – als Absage an den Ästhetizismus überhaupt – im Alter von fünfundzwanzig Jahren der Lyrik entsagte. Darin bekundet sich der Zweifel an der Wahrhaftigkeit des Verhältnisses zwischen dieser Art von Poesie und dem Leben. Dennoch kann das Schöne in Stil und Gehalt – wie Adorno es für George geltend macht – als Widerstand gegen abgenutzte und triviale Denk- und Sprachformen sein Recht behaupten. *Gefahr des lyrischen Ästhetizismus*

Wie bei George und Hofmannsthal stellt sich auch für Rilkes Dichtung die Frage nach dem Verhältnis zwischen Lebenswirklichkeit und Kunst als ein möglicher Zugang zum Verstehen seiner Liebeslyrik. Man kann nach Antworten darauf suchen, indem man – wie es bei Goethe meist geschieht – biografische Fakten aufspürt und reale Liebesbegegnungen in ihrer Bedeutung für bestimmte Gedichte analysiert. Die ‚private' Existenz des Autors ist mit seiner dichterischen so eng verwoben, dass seine aufs Reale bezogene Lebenshaltung, nach dem Urteil von Peter Wapnewski, wie eine zum Kunstwerk selbst stilisierte Daseinsform wirkt (vgl. Wapnewski, *Zumutungen*, München: Deutscher Taschenbuch Verlag, 1982, S. 80). Die Liebe als Lebensphänomen und die Liebe als Kunstereignis – das liegt bei Rilke – wie bei vielen anderen Dichtern – nicht weit auseinander. Diese Verflechtung verdeutlicht sich auch anhand eines berühmten Textes, dem „Liebes-Lied" (1907). *Kunst und Wirklichkeit bei Rilke*

Rainer Maria Rilke

Liebes-Lied

> Wie soll ich meine Seele halten, daß
> sie nicht an deine rührt? Wie soll ich sie
> hinheben über dich zu andern Dingen?
> Ach gerne möcht ich sie bei irgendwas
> 5   Verlorenem im Dunkel unterbringen
> an einer fremden stillen Stelle, die
> nicht weiterschwingt, wenn deine Tiefen schwingen.
> Doch alles, was uns anrührt, dich und mich,
> nimmt uns zusammen wie ein Bogenstrich,
> 10   der aus zwei Saiten *eine* Stimme zieht.
> Auf welches Instrument sind wir gespannt?
> Und welcher Geiger hat uns in der Hand?
> O süßes Lied.

Das Gedicht fügt sich aus zwei Teilen zusammen, die nicht strophisch gegliedert sind, weil ein einziger Gedankenfluss die beiden gegensätzlichen Hälften durchzieht. Im ersten Teil (Z. 1–7) spricht das lyrische Ich den Wunsch aus, sich vor seinen eigenen Gefühlen zu bewahren und seine Liebe zum Du zum Schweigen zu bringen („Wie soll ich meine Seele halten, daß sie nicht an deine rührt?"). Mit der Frage suggeriert das Ich die Vorstellung, dass man über seine Empfindungen wie über einen Gegenstand verfügen könnte, der sich vor dem Anderen in Sicherheit bringen ließe. Aber die Weiterführung des Gedankens lässt sich nur in der Form des dringenden Wunsches artikulieren („Ach gerne möcht ich sie ...").

Selbstbewahrung vor Gefühlen

Der Beginn des zweiten Teils, eingeleitet mit dem adversativen „Doch alles, was uns anrührt ...", fasst die Unerfüllbarkeit der Wunschvorstellungen des Liebenden in einem imaginativen Bild zusammen. Rilke greift dazu in Z. 8 das Verb ‚anrühren' aus der Zeile 2 wieder auf. Hatte es zu Beginn noch einen gegenständlich-räumlichen Sinn, der mit dem Sich-in-Sicherheit-Bringen korrespondiert, so liegt seine Bedeutung jetzt im rein Psychischen. Vor der tiefinneren Berührung durch die Liebe gibt es keine Flucht zu einer „fremden stillen Stelle". Der sehnliche Wunsch des lyrischen Subjekts, sich ihrem Einfluss zu entziehen, erweist sich als Illusion. Wie ein magisches

Verhängnis bindet sie die Liebenden aneinander. Das größte Rätsel der Liebe besteht für das Ich aber in der unerklärlichen Übereinstimmung der Betroffenen.

Liebe als Verhängnis

Rilkes Gedicht gibt dafür mit Hilfe eines Bildvergleichs eine Deutung. Die beiden Saiten eines Streichinstruments können, indem sie mit derselben Frequenz schwingen, einen Gleichklang erzeugen. Ebenso ergeht es den gleichfühlenden Seelen. Der Dichter hat diese poetische Analogie durch die zweimalige Verwendung des Verbs ‚schwingen' in Z. 7 sorgsam vorbereitet; auch das zweifach benutzte ‚anrühren' fügt sich in den Bildkontext. Erst nachträglich in den Zeilen 9 und 10 wird das Motiv der Harmonie musikalischer Töne eingeführt und die ganze semantische Spannweite von ‚schwingen' und ‚anrühren' (die Geigensaite durch Berührung zum Schwingen bringen) zur Entfaltung gebracht. Der Musik-Vergleich übt eine integrative Wirkung aus; er wird unmerklich in Z. 2 angebahnt, erfährt in Z. 10 seine konkrete Ausformulierung und klingt in der Schlusszeile („O süßes Lied") aus. Rilkes poetischer Erklärungsversuch der Liebe durch die Musik leuchtet unmittelbar ein. Beide ergreifen den Menschen mit überwältigender Macht; zu beiden gehört wesentlich die Harmonie; beider Ursprung liegt im Dunkeln.

Metapher der musikalischen Harmonie

Rilke stellt die Frage nach dem Wesen der Liebe mit Hilfe seines Bildes noch weiter ins Unerklärbare hinein. Wie das Instrument ohne den Spieler nicht zum Klingen kommt, so müssen auch die liebenden Seelen von einem übermächtigen Wesen in Bewegung versetzt werden („Und welcher Geiger hat uns in der Hand?"). Eine Antwort kann es darauf nicht geben, aber durch die Vorstellung vom musizierenden Geiger wird eine Richtung gewiesen: Der große Beweger gleicht einem Künstler, der die Liebe als vollkommene Harmonie versteht.

Rätselhaftes Geheimnis der Liebe

Über die inhaltlichen Aussagen des Sinnbildes hinaus vollzieht das Gedicht eine innige Verschmelzung der Bereiche. Mit der Schlusszeile „O süßes Lied" und dem Titel („Liebes-Lied") charakterisiert sich dieser Text als ein Kunstwerk aus Sprache und Musik – als Lied. Eine genauere Interpretation der Klangfülle, der Reimbindungen, der von Enjambements unterstützten, weit gespannten Versbögen, der rhythmisch akzentuierten Kontraste und der schwebenden Wirkung der Fragesät-

Gemeinsamkeit zwischen Liebe und Kunst

ze ließe sogleich die unerhörte Musikalität des Gedichts erkennen. Sie wird aber auch bei der lauten, betont gesprochenen Lektüre des Textes bewusst. Mit einem gewissen Recht kann die isoliert stehende letzte Zeile aus dem Text herausgenommen und auf das gesamte Gedicht bezogen werden.

Liebe als „Lied"

Im Sinnzusammenhang der Rede des lyrischen Ichs meint die Zeile aber etwas anderes. „O süßes Lied" bezieht sich auf die Liebe selbst, die als harmonisches Schwingen der Seelen, und das heißt: als Lied, verstanden wird. So wird das Lebensphänomen ‚Liebe' mit dem Kunstphänomen identifiziert und von der Dichtung – wie in der Lyrik der Jahrhundertwende – als ästhetisches Geschehen gedeutet.

Ästhetisierung und Idealisierung

In allen drei Liebesgedichten finden sich in unterschiedlichem Ausmaß und unter Verwendung jeweils anderer poetischer Mittel eine gemeinsame Tendenz. Die Wirkungen nämlich, die von ihnen ausgehen, beruhen nicht so sehr auf den Gefühlsinhalten, sondern auf der kunstvollen Stilisierung von Sprache und Bild, auf der formalen Schönheit. Die Liebesbeziehung selbst wird gestaltet als geheimnisvolle, überhöhte Bewegtheit der Seelen. Das Sinnliche, soweit es hineinspielt, erscheint in poetisch edler Verhüllung, nicht als direkt ausgesprochenes erotisches Verlangen. So haftet der Liebe in diesen Gedichten eine ähnlich idealisierte Lebensferne an wie ihrer lyrischen Sprache.

> Die maßgebende Kategorie in der Lyrik der Jahrhundertwende ist das Schöne. Daher stilisiert sie die Begegnung der Liebenden zum ästhetischen, körperlos-seelischen Geschehen, das der alltäglichen Wirklichkeit auch durch hochkünstlerische Sprach- und Kompositionselemente entrückt wird. Das lyrische Kunstwerk erhält so eine Eigenbedeutung, die über das in ihm gestaltete Liebes-Motiv hinausgeht.

4 Liebe und harmonische Partnerschaft im alltäglichen Dasein

Poetischer Realismus des 19. Jahrhunderts

> Die Lyrik tritt in der 2. Hälfte des 19. Jahrhunderts (Poetischer Realismus) an Rang und Bedeutung – mit Ausnahme C. F. Meyers – hinter die epischen Gattungen zurück. Sie bedient sich einer überwiegend traditionellen Formensprache. Ihre Themen stehen in enger Beziehung zur Daseinswirklichkeit der Menschen, deren bürgerliche Wertordnung und Gefühlskultur die Literatur der Epoche prägen. Das gilt insbesondere auch für ihre Auffassung von der Liebe.

Die Liebe, wie sie in den bisher interpretierten Gedichten begegnet, strahlt nicht sehr viel Beglückendes aus. Sie erscheint als schwieriges und zerbrechliches Phänomen, als unerfüllt oder unerfüllbar, als schnell vergänglich und voller Beunruhigung für das Ich. Die Zufriedenheit, die von geglückten Liebesbeziehungen ausgeht, wird in der Lyrik des 20. Jahrhunderts nur selten thematisiert. Fast sollte man meinen, die glückliche Liebe besäße im Gegensatz zur schmerzlich misslingenden keine poetische Anziehungskraft. So hat Goethe einmal ironisch bemerkt, dass dem „Dichtergenie" vor allem das „Element der Melancholie" behage. Und er hat mit dem *Werther* ein bleibendes, aber wenig behagliches Denkmal der unglücklichen Liebe geschaffen. [Poesie der unglücklichen Liebe]

Die positiven Gegenbeispiele – so hat es den Anschein – sind wohl überwiegend in der älteren Lyrik zu finden. Goethes „Maifest" (vgl. S. 82 f.), Klopstocks „Das Rosenband" (vgl. S. 106), Walthers „Herzeliebez frouwelîn" (vgl. S. 132) gehören ebenso dazu wie das nachfolgende von Conrad Ferdinand Meyer (1825–1898): [Poesie der beglückenden Liebe]

Conrad Ferdinand Meyer

Zwei Segel

Zwei Segel erhellend
Die tiefblaue Bucht!
Zwei Segel sich schwellend
Zu ruhiger Flucht!

5 Wie eins in den Winden
Sich wölbt und bewegt,
Wird auch das Empfinden
Des andern erregt.

Begehrt eins zu hasten,
10 Das andre geht schnell,
Verlangt eins zu rasten,
Ruht auch sein Gesell.

Dieses überaus bekannte Gedicht gehört zu einem Zyklus von lyrischen Texten, den Meyer unter dem Titel „Liebe" zusammengestellt hat. Es stammt aus der zweiten Hälfte des 19. Jahrhunderts, einem Zeitraum, dessen Dichtung von der Literaturwissenschaft als Poetischer bzw. Bürgerlicher Realismus bezeichnet wird. Der Text ist besonders deshalb aufschlussreich, weil er in seiner Gestaltungsweise und in seinen Aussagen vielfältige Beziehungen zu Rilkes „Liebes-Lied" (vgl. S. 48) aufweist. Gelegentliche Vergleiche zwischen beiden Gedichten sollen dies im Folgenden verdeutlichen.

<small>Vergleich mit Rilkes „Liebes-Lied"</small>

Rilke verwendet das Bild der beiden schwingenden Geigensaiten, um ein Wesensmerkmal der Liebe – die Harmonie – zu verdeutlichen und weiter zu ergründen, also ein symbolisches Verfahren. Es liegt als Gestaltungsprinzip auch dem Gedicht von C. F. Meyer zugrunde. Die beiden Segel in ihrer synchronen Bewegung auf dem See meinen mehr, als der Text wortwörtlich mitteilt. Daher muss, wie bei allen sprachlichen Bildern in der Poesie, nach Nebenbedeutungen und assoziativen Zusatzbedeutungen (Konnotationen) gefragt werden, um dem eigentlichen Sinn auf die Spur zu kommen. Wie in Rilkes „Liebes-Lied" wird auch in Meyers Gedicht das Bild zum durchgehenden Sinnträger aller Strophen ausgebaut, so dass der Erschließung der Symbole bei der Interpretation von „Zwei Segel" eine wichtige Bedeutung zukommt.

<small>Anfänge des Symbolismus bei Meyer</small>

Die erste Hälfte des Gedichts (Z. 1–6) entfaltet das Bild zunächst nur auf der konkreten Bedeutungsebene. In den beiden Anfangszeilen stellt der Dichter mit reizvoll optischer Kontrastierung (hell – dunkel) die beiden Segelboote in den Vordergrund, noch in statischem Zustand, wogegen sie sich in den Zeilen 3 und 4 gleichsam auf die Abfahrt vorbereiten. Der Farbkontrast des Bildes wird durch den Klanggegensatz der gehäuften Vokale -e- und -u-sprachlich hörbar reflektiert. Metrisch und syntaktisch weisen die beiden Versgruppen allerdings einen streng parallelen Bau auf, der mit dem Klangverlauf völlig übereinstimmt. Vorherrschender Eindruck im Geschehen ist die Ruhe.

<small>Bildanalyse von „Zwei Segel"</small>

Der Mittelstrophe kommt eine Sonderstellung zu. Wieder gehören je zwei Zeilen als rhythmische und grammatische Einheit enger zusammen. Die beiden Segel werden nicht mehr wie in der 1. Strophe zusammen gesehen, sondern vereinzelt und jeweils einer Versgruppe zugewiesen. Trotz der formalen und inhaltlichen Aufgliederung in zwei Hälften besteht die ganze Strophe – im Gegensatz zu den beiden anderen – aus einem einzigen übergreifenden Komparativsatz. Sie ist also gleichzeitig zweigeteilt und syntaktisch geeint. Der Klangeindruck wird von fünf anlautenden -w- beherrscht, die, wenn man an bewusste Klangmalerei denkt, den Eindruck des Wehens imitieren. Die inhaltlichen Vorgänge der Strophe sind ganz von Bewegung beherrscht. Während sich diese Bewegung in der ersten Hälfte der Strophe nur auf die Fahrt der Boote bezieht, lässt sich die zweite Hälfte aufgrund der Formulierung „Empfinden ... erregt" mit einem innerseelischen Geschehen in Verbindung bringen. Genau in der Mitte des Gedichts also, nach der 6. Zeile, setzt der Umschlag von der äußeren auf die symbolische Sinnebene ein.

<small>Sonderstellung der Mittelstrophe</small>

In der Schlussstrophe wird nun die Personifikation, die sich in Z. 7 f. andeutet, umfassend durchgeführt. Alle sechs Verben drücken innere (begehren, verlangen) oder äußere (hasten, gehen, rasten, ruhen) Handlungen aus. Vor allem die Schlusswendung „Gesell" unterstreicht „das menschliche Verhältnis zwischen den beiden dann so, dass der Leser in eine Reflexion über die Beziehung zweier Liebender entlassen wird" (Eberhard Hermes, *Abiturwissen Lyrik*, Stuttgart: Klett, 1986, S. 76). Das Bild-

<small>Personifikation</small>

gefüge der Segelfahrt ist in der letzten Strophe vollkommen transponiert in den Vorstellungsbereich von miteinander harmonierenden Menschen.

Syntaktische Gliederung

Syntaktisch gliedert sich auch die 3. Strophe in zwei parallel gebaute Teile: zwei verkürzte Temporalsätze mit bedingendem Sinn, denen wir ein einleitendes „Wenn" hinzudenken müssen. Aber anders als in den vorangehenden Strophen bildet hier jede der vier Zeilen eine relativ geschlossene Einheit, so dass vier klar gegeneinander abgegrenzte rhythmische Teile vorliegen, auch wenn syntaktisch nur mit zwei Komplexen zu rechnen ist.

Metrische Besonderheiten

Eine Ausnahme stellt, wie so oft, die letzte Zeile dar, mit der das Gedicht ausschwingt. Die rhythmische Struktur bietet dem Dichter Gelegenheit, bestimmten Zeilen eine besondere Akzentuierung zu verleihen; das gilt häufig für die Schlusszeile. Die Zeilen 1–11 sind als Zweiheber mit Auftakt zu lesen, wobei jeder betonten Silbe zwei unbetonte folgen:

>   x x́ x x x́ x
>   x x́ x x x́

Wir können den Rhythmus „gleichmäßig beschwingt" nennen. Der letzte Vers verlangt eine zusätzliche Anfangsbetonung auf „Ruht":

>   x́ x́ x x x́

Die einander folgenden Tonlängen („Ruht auch ...") verlangsamen das Verstempo und bringen das Gedicht zu einem beruhigenden Schlusspunkt, in den der Leser gedanklich einstimmt.

Wechsel von Ruhe und Bewegung

Der Wechsel von Ruhe (1. Strophe) und Bewegung (2. Strophe) ist ein bestimmendes Moment in der inhaltlichen Strukturierung des Gedichts. Die 3. Strophe nimmt beide Tendenzen zusammen, führt sie aber am Schluss in die Ruhe zurück. Dieser Ablauf spiegelt sich auch in der kompositorischen Geschlossenheit. Das Adjektiv „ruhig" (Z. 4) korrespondiert mit dem Verb „ruht" (Z. 12), wogegen im Mittelteil das „erregt" (Z. 8) die dynamische Höhe des Spannungsbogens markiert. Die formale Rundung wird unmerklich dadurch unterstützt, dass die 3. Strophe das Klangelement -ell- aus dem Endreim der 1. Strophe wieder aufgreift. Die Dialektik von Ruhe und Bewegung, von Einheit trotz Zweiheit, von Gegenläufigkeit und Parallelität – all diese Strukturprinzipien enthalten bereits Hinweise auf das Thema des Gedichts: die Liebespartnerschaft.

Die Formbetrachtung hat darauf aufmerksam gemacht, dass das Gedicht mit großer künstlerischer Bewusstheit gestaltet ist. Die Kürze und Dichte der sprachlichen Formulierung, die Schlüssigkeit der Symbole, die ausgewogene Klangstruktur, die syntaktische Vielfalt beruhen auf sorgfältiger Überlegung. C. F. Meyer hat an dem kleinen Gedicht unendlich gefeilt. Zwischen den ersten Entwürfen (1870) und der gelungenen Endfassung (1882) liegen zwölf Jahre. Daraus wird ersichtlich, dass „Zwei Segel" keine spontane poetische Gestaltung eines konkreten Liebeserlebnisses sein kann, dass es sich gar nicht auf ein Erlebnis bezieht. Vielmehr teilt das Gedicht etwas vom Wesen der Liebe überhaupt mit. *Sorgfältige Formgebung*

Der vorherrschende Gedanke, den schon die formale Textgestalt ausstrahlt, ist Harmonie. Entsprechend liegt der inhaltliche Aussagesinn in der Vorstellung, dass Glückserfüllung auf dem harmonischen Miteinander der Liebenden beruht. Das klar durchschaubare Bildgefüge lässt keine andere Deutung zu. Mit dieser Feststellung erfüllt sich das Gedicht. Es eröffnet – im Gegensatz zu Rilkes „Liebes-Lied" – keine rätselvollen Fragehorizonte. Es grübelt nicht dem Geheimnis der Harmonie nach. Der Wind als Beweger der Segelboote legt es eigentlich nahe, die Symbolik nach der transzendenten Seite hin auszuweiten und zu fragen, welche Macht die Übereinstimmung der liebenden Seelen herbeiführen könnte – ist doch die Gewalt des Windes dem Vermögen von Rilkes Geiger vergleichbar, der die Seelen zum Schwingen bringt. Für Meyers Gedicht stellt sich diese Frage nicht. Die Verben der Schlussstrophe („begehren, verlangen") ordnen die Gefühle des Menschen ganz seinem Willen unter. Ihre göttliche oder mystische Herkunft, die in der Lyrik Rilkes und Georges geheimnisvoll anklingt, wird bei Meyer nicht thematisiert. Die Liebe ist ganz immanent, eine Angelegenheit des Menschen in dieser Welt. *Harmonie*

Der Dichter von „Zwei Segel" erweist sich durchaus als Realist, was schon der Herkunft und den Eigenschaften der verwendeten Bildsymbole zu entnehmen ist. Rilkes *‚Realistische' Tendenzen*

Symbol kommt aus der Welt der musikalischen Harmonie, die in sich voller Rätsel ist. Wodurch sie in der menschlichen Seele – wie die Liebe – höchstes Entzücken und tiefe Bestürzung auslöst, bleibt ein beängstigendes Geheimnis.

Liebe in der alltäglichen Wirklichkeit

Meyers Bild aus der Segelfahrt gehört in den Bereich der alltäglichen Wahrnehmungen, die sich aus leicht verständlichen Naturvorgängen erklären. Entsprechend lässt sich auch die Liebesauffassung des Gedichts deuten: Im Idealfall handelt es sich um ein natürliches, harmonisches Glück – durchschaubar und ohne seelische Abgründe. Seinen Ausdruck findet es im partnerschaftlichen Zusammenleben. Damit hat sich der Liebesbegriff den unabänderlichen Bedingungen unterworfen, die – um im poetischen Bildvergleich zu bleiben – den Verlauf der Segelfahrt bestimmen. Wenn wir von der Liebeslyrik der Jahrhundertwende sagen, dass sie die Liebe ästhetisiert und idealistisch überhöht, so gilt von der Dichtung des Poetischen Realismus, dass ihr Liebesbegriff sich vor allem an den irdischen Gegebenheiten und Bedürfnissen der Wirklichkeit orientiert und nicht als verstörend-aufwühlendes Seelengeschehen gestaltet wird.

Detlev von Liliencron

Deutlicher noch als in C. F. Meyers „Zwei Segel" tritt dieser Grundzug in Gedichten anderer Autoren zutage, etwa in dem folgenden Beispiel von Detlev von Liliencron (1844–1909):

Detlev von Liliencron

Glückes genug

Wenn sanft du mir im Arme schliefst,
Ich deinen Atem hören konnte,
Im Traum du meinen Namen riefst,
Um deinen Mund ein Lächeln sonnte –
        Glückes genug.

Und wenn nach heißem, ernstem Tag
Du mir verscheuchtest schwere Sorgen,
Wenn ich an deinem Herzen lag
Und nicht mehr dachte an ein Morgen –
        Glückes genug.

Die idyllische Ruhe in den beiden Parallelszenen des Gedichts spiegelt die innere Verfassung seiner Figuren als beglückende Harmonie. Sie kommt dadurch zustande, dass das lyrische Ich der Geliebten das Gefühl vertrauter Geborgenheit vermittelt (Strophe 1), während sie ihrerseits dem Geliebten als tröstende Helferin die schweren Sorgen des Alltags nimmt (Strophe 2). Dass das konkrete Zusammensein der Liebenden, aber noch viel mehr ihre Liebesgewissheit, den Blick vom künftig Drohenden abwendet auf das gegenwärtige Glück hin, gehört zum festen Vorstellungsschema. Auch Storms (1817–1888) Gedicht „Trost" spricht von diesen beruhigenden Wirkungen der Liebe:

Ich seh dein liebes Angesicht,
Ich sehe die Schatten der Zukunft nicht.
(DL, S. 220)

Vertraute Geborgenheit

In solchen Zusammenhängen gewinnt die Liebe eine überaus praktische, geradezu pragmatische Bedeutung. Sie reiht sich ein in die Phänomene, die der realen Lebensbewältigung dienen und überdies den Alltag verschönen. Liliencrons Bescheidungsformel „Glückes genug" drückt etwas aus, das die Liebesauffassung dieser Dichtungen weithin charakterisiert: Zufriedenheit des Menschen mit dem erreichbaren Glück.

Glück der Bescheidenheit

Mit dem Liebesbegriff ist auch der Gefühlsgehalt der Gedichte weit entfernt von existenzieller Erschütterung, religiös-romantischer Schwärmerei, von ästhetischer Verfeinerung der Empfindungen oder leidenschaftlicher Erotik. Es herrscht eine natürliche Vernünftigkeit. Das Exzentrische wird grundsätzlich gemieden. Vielmehr streben die Dichter danach, dass „Spannungen gedämpft und geschlichtet" werden und dass die Gefühle durch „Harmonisierung in einer fest gerundeten Form" zur Sprache gelangen (Fritz Martini, *Deutsche Literatur im bürgerlichen Realismus. 1848–1898*, Stuttgart: Metzler, 1974, S. 253). Die dergestalt in der Lyrik geschilderten Liebesbeziehungen müssen sich daran messen lassen, ob sie auch vor der Wirklichkeit Bestand haben.

Harmonisierung emotionaler Spannungen

Das kann nicht heißen, dass es für die Dichter dieser Epoche keine Spannungen, Erschütterungen oder Träume gegeben hätte. Im Gegenteil – C. F. Meyers Leben war voll davon. Aber die realistische Dichtung stellt sich die

Aufgabe, mit Hilfe der formenden Kräfte der Kunst die überströmenden Gefühle in eine maßvolle Ordnung zu bringen. So darf die beglückende Harmonie im Gedicht „Zwei Segel" gerade nicht als Spiegelbild der Meyer'schen Lebenswirklichkeit verstanden werden. Sie ist bestenfalls Ausdruck einer Wunschvorstellung, so wie ihm – mit Martinis Worten – „eine schützende Bürgeratmosphäre" und ein sicherer Ort innerhalb der Gesellschaft stets ein Bedürfnis waren. Sei es aus Gründen der Sehnsucht nach gesellschaftlicher Integration, sei es als Zustimmung zu den bürgerlichen Werthaltungen, der Liebesbegriff in der Lyrik des Realismus ist dadurch charakterisiert, dass er sich in die Ordnungsvorstellungen des Bürgertums im 19. Jahrhundert einfügt. Das lässt sich literarisch am ehesten dadurch verwirklichen, dass die Liebe als Phänomen der Ehe gestaltet wird.

Liebe im bürgerlichen Denken

Meyers „Zwei Segel" darf ebenso wie die Textbeispiele von Liliencron und Storm als Ehe-Gedicht verstanden werden. Das Sinnbild der Segelfahrt erhält dann eine zusätzliche Bedeutung. In der gemeinsamen Bewegung der Boote auf dem Wasser drückt sich der Vorgang der Annäherung und des Werbens um den Partner aus. Das Zueinander-Finden erfüllt sich in der ruhigen ehelichen Bindung. Emil Staiger, der das Gedicht so versteht, meint in dessen Stimmung eine gewisse Starrheit und Langeweile zu spüren (E. Staiger, *Die Kunst der Interpretation*, Zürich: Atlantis Verlag, 1961, S. 255). Tatsächlich fehlt dem Gedicht der emotionale Schwung der Liebe; und von der Idee der vollkommenen, harmonischen Übereinstimmung in der Partnerschaft geht, trotz aller Beglückung, etwas Beengendes aus.

Liebeslyrik als ‚Ehegedicht'

> Die Liebesgedichte des Poetischen Realismus streben nach dem Ausgleich emotionaler Spannungen schon in der Formgebung durch das gerundete, abgeschlossene Gebilde.
> Ebenso erscheint das Motiv der Liebe als ruhige, harmonische Partnerschaft, eingeordnet in die Zusammenhänge des alltäglichen Lebens, oft als beglückende eheliche Beziehung.
> Das Geheimnisvoll-Abgründige der Liebe und die aufwühlende Leidenschaftlichkeit werden zurückgedrängt.

5 Liebe als Leiderfahrung

Zu den Gedichten Heinrich Heines

> Heines Liebeslyrik wurzelt in der Romantik; sie führt diese zur künstlerischen Vollendung und an ihr Ende. Es lassen sich in seinen Gedichten sowohl romantische Motive und Formelemente nachweisen als auch Tendenzen zur Abkehr von der Romantik, die auf ein ‚realistisches' Dichtungsverständnis hinweisen.

Während in der realistischen Dichtung der zweiten Hälfte des 19. Jahrhunderts eine Liebesauffassung vorherrscht, die von der Mäßigung leidenschaftlich überquellender Gefühle und der Einordnung der Liebe in den lebenspraktischen Zusammenhang geleitet wird, findet sich bei Heinrich Heine (1797–1856) in der ersten Jahrhunderthälfte die genau entgegengesetzte Haltung. Kein deutscher Dichter hat mit so anhaltender Gefühlsheftigkeit die unglückliche Liebe und den Liebesschmerz besungen wie er. Und kaum ein anderer hat so unter dem Gefühl der seelischen und sozialen Ungeborgenheit gelitten. Fast programmatisch schreibt er als Fünfundzwanzigjähriger:

Dichter des Liebesleids

> Aus meinen großen Schmerzen
> Mach ich die kleinen Lieder.

Vor allem in seinen Liebesliedern bekundet sich ein existenzielles Lebensproblem, das auf eine unglückliche Jugendliebe des Dichters zurückführt. Ludwig Marcuse deutet es jedenfalls in diesem Sinne: „[…] daß er dies Lieben nicht vergessen konnte; daß er in ungewöhnlicher Weise dieser alle Grenzen überschwemmenden Gefühl-Flut ausgesetzt war; daß sie vielmehr aller möglichen Abwehren bedurfte, um nicht diese individuelle Existenz zu ertränken." (L. Marcuse, *Heinrich Heine. In Selbstzeugnissen und Bilddokumenten*, Reinbek bei Hamburg: Rowohlt, 1960, S. 25)

Biografischer Hintergrund

Die persönlichen Erlebnisse stellen gewiss eine wirkungsmächtige Komponente im Werk des Dichters dar.

Jedoch muss berücksichtigt werden, dass die Dichtung in hohem Maße auch von poetischen Konventionen lebt, von überlieferten Sprach-, Gefühls- und Denkmustern, die dem eigenen Stil anverwandelt oder parodistisch verfremdet werden. Am Beispiel von Georges „Im windes-weben" (vgl. S. 40) wurde deutlich, wie mittelalterliche Ausdruckshaltungen dem Dichter dazu dienen, seiner eigenen Liebesauffassung Gestalt zu verleihen.

Einflüsse literarischer Vorbilder

Auch für Heines Lyrik gilt, dass viele Formelemente und thematische Motive der Tradition entstammen und nicht originäre Erfindung oder Erlebnisausdruck sind. Aus den deutschen Volksliedern, von der Lyrik Petrarcas, Lord Byrons und der Romantik – insbesondere von Clemens Brentano (vgl. S. 73 f.) – hat Heine vor allem geschöpft. So etwa greift er für seine beiden schönsten und berühmtesten Liebesgedichte auf ein Volkslied („Es

Brentano

waren zwei Königskinder") bzw. auf ein Brentano-Gedicht („Ich weiß nicht, was soll es bedeuten") als Quellen zurück. Das Motiv der hoffnungslosen Liebe findet sich

Petrarca

voll ausgebildet bei Petrarca (1307–1374). Dessen Lyrik war über Jahrzehnte bestimmt von der unerwiderten Neigung zur schönen Provençalin Laura, die – als Nichterreichbare zum Idol erhoben – in klagendem Sehnsuchtsschmerz besungen wird. Die gesamte europäische Liebeslyrik war davon beeinflusst. Heines Gedicht „An eine Unbekannte" spielt ausdrücklich auf Petrarca und

Lord Byron

Laura an. Von Lord Byron (1788–1824), dem großen englischen ‚Weltschmerz'-Dichter, von dessen Werken Heine viele übersetzt hat, sagte er: „Byron war der einzige Mensch, dem ich mich verwandt fühlte."

Über Brentano gelangt Heine zum volkstümlichen Liedgedicht, das er dann selbst zur höchsten künstlerischen Entfaltung bringt. Diese wenigen Hinweise mögen zeigen, dass die Kenntnis der literarischen Einflüsse für das rechte Verständnis vieler Heine'scher Texte unerlässlich ist. Das 1833 entstandene Gedicht „In der Fremde" (es gibt noch ein weiteres Heine-Gedicht mit diesem Titel!) soll als Textbeispiel für einen bestimmten Typus seiner Liebesgedichte dienen.

Heinrich Heine

In der Fremde

Mir träumte von einem schönen Kind,
Sie trug das Haar in Flechten;
Wir saßen unter der grünen Lind
In blauen Sommernächten.

5   Wir hatten uns lieb und küßten uns gern,
Und kosten* von Freuden und Leiden.
Es seufzten am Himmel die gelben Stern,
Sie schienen uns zu beneiden.

Ich bin erwacht und schau mich um,
10 Ich steh allein im Dunkeln.
Am Himmel droben, gleichgültig und stumm,
Seh ich die Sterne funkeln.

(* plaudern, schwatzen)

Zunächst fällt vor allem der schlichte, volkstümliche Ton auf. Obwohl Heine ein hochvirtuoser Sprachkünstler war, zeichnen sich viele seiner Gedichte im Rhythmisch-Liedhaften wie in der Wort- und Bildwahl durch eine einfache Natürlichkeit aus. Hier bedient er sich der englischen Chevy-Chase-Strophe, die abwechselnd vier- und dreihebige Zeilen mit dem Reimschema *abab* besitzt. Sie ähnelt der deutschen Volksliedstrophe. Volksliedhaft sind auch die Versatzstücke der Szenerie (schönes Kind – grüne Lind – blaue Sommernächte – am Himmel die Sterne) und die schlichte Gefühlsaussprache: „Wir hatten uns lieb und küßten uns gern" – unaufwendiger kann man es nicht formulieren. Durch die Darstellung der Liebesidylle als Traumgeschehen und ihre Kontrastierung mit dem schmerzlichen Erwachen sowie die irritierenden Zeilen 7 und 8 spürt der Leser aber sogleich, dass die Situation nicht so harmlos ist, wie der Tonfall es erwarten lässt.

Die beiden ersten Strophen sind geprägt von der ungetrübten Freude glücklich Verliebter. Jedoch: Die Strophen stehen im Imperfekt und berichten von der Erinnerung des lyrischen Subjekts an einen Traum („Mir träumte"), von der Vergangenheit also, und zwar nicht von einer wirklich erlebten, sondern einer bloß geträumten Vergangenheit. Diese Konstellation der Traumerinnerung

— Volksliedhafte Schlichtheit

— Liebesglück als Traum

Kontrastierung von Traum und Wirklichkeit

des Ichs tritt in vielen Heine-Gedichten, aber auch häufig in der romantischen Lyrik auf. Der damit vertraute Leser weiß schon zu Beginn des Gedichts, dass dem Traum das Erwachen gegenübergestellt und das geträumte Glück sich verflüchtigen wird. Dies geschieht in der 3. Strophe. Der Umschlag ins Präsens signalisiert, dass das lyrische Subjekt in die Realitätsebene zurückgekehrt ist, die eine ganz andere Beschaffenheit aufweist als die Traumwirklichkeit.

Farb- und Klangeffekte unterstreichen die Kontraste zwischen den Bereichen. In den ersten beiden Strophen beleben optische Eindrücke (grün/blau/gelb) und akustische Vorgänge (kosen/seufzen) die Gedichtwelt. Die Endreime sind durch helle Vokale (e/i/ei) bestimmt. Die Schlussstrophe setzt jener freundlichen Stimmung die düstere Atmosphäre des Farb- und Lautlosen sowie die vierfache Verwendung des dunklen -u- in den Reimwörtern entgegen.

Rhythmus-Analyse

Auch rhythmische Gegensätze sind unüberhörbar. In der 2. Strophe bestehen die Zeilen meist aus Daktylen, was beim betonten Lesen einen eher tänzerischen Eindruck vermittelt:

```
x x́ x x x́ x x́ x x x́
x́ x x x x́ x x x x́ x
x x́ x x x́ x x x́ x x́
x x x x x́ x x́ x
```

Die 3. Strophe weist hingegen ein gleichmäßig alternierendes Metrum auf:

```
x x́ x x́ x x́ x x́
x x́ x x́ x x́ x
x x́ x x́ x x́ x x x x́
x x́ x x x́ x x́ x
```

Statt des rhythmischen Schwebens wirken die Takte hier schroffer, gleichsam abgehackt. Vor allem in der vorletzten Zeile wird durch den syntaktisch unverbundenen Einschub „gleichgültig und stumm" der Vers in zwei hart aufeinander stoßende Hälften zerlegt. Nach „droben" wird eine Pause erforderlich, die den disharmonischen Verlauf hörbar macht. Verstärkt wird er dadurch, dass wir „gleichgültig und" mit drei Senkungen lesen müssen. Die Klanggestalt der Strophe spiegelt so die Dissonanzen wider, die im lyrischen Ich angesichts der desillusionierenden Wirklichkeit aufbrechen.

Im Bezug des Subjekts zu seiner Welt treten gleichfalls deutliche Gegensätze zutage. Die Sterne am Himmel, denen das Ich sich zweimal zuwendet, werden in der 2. Strophe personifiziert und durch ihre Anteilnahme in die überschwängliche Stimmung der Liebenden einbezogen. Die Schlussstrophe setzt dieser harmonischen Welterfahrung das „gleichgültig" und „stumm" kontrapunktisch entgegen und kennzeichnet die gestörte Beziehung zwischen Ich und Welt. Der heitere Ton der ersten beiden Strophen, das unbeschwerte Liebesglück, die Harmonie zwischen Mensch, Natur und Kosmos – das alles löst sich am Ende in nichts auf. Es gibt diese Liebe, von der die Zeilen 5 und 6 sprechen, nur im Traum. In der unbarmherzigen Wirklichkeit steht das Ich dann allein. Der Widerspruch zwischen dem geträumten Glück und der bitteren Realität bleibt innerhalb des Gedichts unversöhnt. Bleibende Liebe ist unerreichbar, die Einsamkeit durch nichts aufzuheben, und auch die ewige Heimat („der Himmel droben"), die in der Vorstellungswelt der romantischen Dichtung noch wirksam war (vgl. Kapitel 6), scheint gänzlich dahin.

Heines Liebeslyrik ist durch die Übernahme von Motiven und Stimmungen, die vor allem auf das Grunderlebnis der unerfüllten Sehnsucht zurückgehen, mit der Romantik eng verbunden und von ihr aus zu verstehen. Viele seiner Gedichte bezeugen ein wirkliches Nachfühlen der schwermütigen Traurigkeit romantischer Liebesklage. In anderen hingegen scheint er auf artistische Weise mit diesen Gefühlen nur zu spielen, ihnen absichtlich sentimentale Tendenzen zu verleihen, sich über sie lustig zu machen. So ist sein Verhältnis zum romantischen Liebesgedicht, trotz aller Abhängigkeit, sehr zwiespältig: Er führt es einerseits weiter bis zur künstlerischen Vollendung und wendet sich andererseits von ihm ab, weil die innere Übereinstimmung mit dem Lebensgefühl der Romantiker zunehmend verloren geht. Diesen trägt die Gewissheit, dass er mit seiner Sehnsucht nach vollkommener Liebe in einem umfassenden transzendenten Zusammenhang aufgehoben ist, der die eigentliche Liebeserfüllung in der Ewigkeit gewährt. Das untröstliche Leiden des lyrischen Subjekts an der Liebe

Ich und Welt

Einsamkeit des lyrischen Ichs

Heines Verhältnis zur Romantik

in Heines Lyrik erklärt sich unter anderem daraus, dass es solche romantische Zuversicht nicht mehr besitzt.

Der Autor verwendet nun in zahlreichen Gedichten ein grundlegendes stilistisches Mittel, das sich sowohl gegen romantische Tendenzen in seinem Werk richtet als auch dazu dient, die Leiderfahrung der Liebe durch die Kunst zu bewältigen. Er versucht nämlich, das Leiden des lyrischen Ichs an der Liebe durch Ironie oder Spott zu entschärfen. Die Ironie ist eine Form des Unernstes, bei der die Aussagen nicht wirklich meinen, was sie aussprechen. Das lässt sich auch an dem Gedicht „In der Fremde" verdeutlichen. Die Zeilen 7 und 8 sind in dem Sinne ironisch, als sie den Sternen Empfindungen unterstellen („seufzen, beneiden"), die diese natürlich nicht haben und an die das Ich auch nicht ernsthaft glaubt. Vielmehr wird durch eine Übertreibung auf humoristische Weise das Gegenteil ausgedrückt.

Ironie in der Liebeslyrik

Das missfiel bereits einem Mitglied der württembergischen Zensurbehörde. Im Jahre 1836 warf deren Zensor Heine vor, dass er „Subjecte und Gegenstände, die für heilig gehalten werden [...] der Verachtung oder Lächerlichkeit" aussetze und es an der „der Gottheit schuldigen Ehrfurcht" fehlen lasse (H. Heine, *Sämtliche Werke. Düsseldorfer Ausgabe*, Bd. 2, Hamburg: Hoffmann und Campe, 1983, S. 406). Der Kritiker nimmt in diesem Zusammenhang ausdrücklich Anstoß an den „seufzenden Sternen". Er verkennt also die Ironie der Aussage und legt sie unsinnigerweise als Verunglimpfung der himmlischen Mächte aus.

Ironie als Übertreibung

Die irritierende Wirkung der Zeilen beruht auf der Übertreibung im Sinne von: Was muss das für eine außerordentliche Liebe sein, die sogar die Sterne neidisch macht! Dadurch aber gerät diese in reizenden Farben geschilderte Liebe in den Verdacht der Zweideutigkeit. Das vermeintliche Traumglück, das die Strophe 2 darstellt, wird bereits ironisch gebrochen, so dass beim Leser Zweifel entstehen, ob das lyrische Ich sich nicht über sich selbst und seine Liebe lustig macht.

Ironische Wirkungsabsichten lassen sich nicht einfach erkennen. Leichter durchschaut man die ironische Sprechweise des Heine-Gedichts, wenn man es mit einem Gedicht vergleicht, in dem die Einbeziehung des Sternenhimmels in das Schicksal des Liebenden unironisch-gläubig erfolgt, etwa in Mörikes Sonett „An die Geliebte", dessen Schlussstrophe lautet:

> Betäubt kehr ich den Blick nach oben hin,
> Zum Himmel auf – da lächeln alle Sterne;
> Ich kniee, ihren Lichtgesang zu lauschen.

Das liebende Ich hatte sich die ängstliche Frage gestellt, ob seine Liebe nicht nur ein trügerischer Traum sei. Der Kosmos, dem die Gedicht-Figur Mörikes sich innig verbunden weiß, gibt ihr mit dem Bild der „lächelnden Sterne" darauf Antwort. Das lyrische Ich im Heine-Gedicht, das an die himmlische Einbindung seiner Liebe nicht mehr zu glauben vermag, flüchtet sich in die Ironie. Die Kraft dieser dichterischen Ironie reicht bei „In der Fremde" allerdings noch nicht aus, um die trostlose Stimmung der Schlussstrophe zu überwinden. Die Verlassenheit des Ichs äußert sich nicht – wie so oft bei Heine – im Tränenstrom, sondern viel erschütternder im gleichgültigen Verstummen. Weder heroische noch ironische Gesten stehen dem lyrischen Subjekt am Ende hilfreich zur Verfügung. Daneben gelingt es dem Dichter aber doch hin und wieder, das Tragische mit Hilfe von Ironie zu besiegen. Die folgenden Zeilen geben ein Beispiel für die selbstironische Destruktion der Empfindlichkeit:

Vergleich mit Mörike

Ironie als Selbstschutz

Heinrich Heine

Teurer Freund

> Teurer Freund! Was soll es nützen,
> Stets das alte Lied zu leiern?
> Willst du ewig brütend sitzen
> Auf den alten Liebes-Eiern?

> Ach! Das ist ein ewig Gattern,
> Aus den Schalen kriechen Küchlein,
> Und sie piepsen und sie flattern,
> Und du sperrst sie in ein Büchlein.

Auch das Liebesgedicht „Mir träumte wieder der alte Traum" (Heine, *Sämtliche Werke*, Bd. 1, Düsseldorf: Artemis und Winkler, 1997, S. 79) wäre in diesem Zusammenhang zu nennen. Natürlich klingt in den ironisch spottenden Zeilen ein bitterer Unterton mit, der von den

Verletzungen der Seele durch die Liebe herrührt. Dennoch stellt sich durch die Ironie eine innere Distanz zu den Gefühlen ein, die zu einer gewissen Überlegenheit des Ichs führen kann. Ineins damit vollzieht sich eine Desillusionierung in Heines Liebesgedichten, insofern sie nicht nur in Trauer, sondern im Gelächter enden können (wie das Gedicht „Mir träumte wieder der alte Traum"). Heines Lyrik gewinnt dadurch einen eigenen, ‚antiromantischen' Zug, der die Lyrik des 19. Jahrhunderts und der Moderne mitgeprägt hat.

Die große Fülle seiner Liebesgedichte ist allerdings – wie „In der Fremde" – über vierzig Jahre lang von melancholischer Trauer durchsetzt. Das hängt einerseits damit zusammen, dass diese Stimmungslage vom Dichter als stereotyp wiederholtes Grundmuster benutzt wurde. Auf der anderen Seite verknüpft sich bei Heine das Leiden an der Liebe aufs Engste mit dem Motiv der verlorenen Heimat und verleiht ihm so eine zusätzliche Schwere. Auch das Gedicht „In der Fremde" spricht ja nicht nur von der Liebe, sondern sowohl durch seinen Titel als auch durch die Formulierung „Ich steh allein im Dunkeln" von der Verlassenheit des Subjekts, die nicht nur als seelische Einsamkeit verstanden werden darf. Adorno geht sogar so weit, dass er Heines Thema der verlorenen Liebe zum „Gleichnis für die Heimatlosigkeit" erklärt (Th. W. Adorno, „Die Wunde Heine", in: *Noten zur Literatur I*, Frankfurt: Suhrkamp, 1958, S. 151).

Distanz zum Gefühl

Liebesverlust und verlorene Heimat

> Heines Liebesgedichte kreisen um das Motiv der unerfüllten Liebe, das sie in volksliedhaft schlichten, höchst musikalischen Versen vielfältig variieren. Ihr Liebesbegriff ist geprägt vom Leiden des Subjekts an seinen Gefühlen, das durch keinen religiös-romantischen Glauben an einen übergreifenden Daseinszusammenhang mehr aufgehoben werden kann.
> Dagegen versucht Heine auf der Ebene des Künstlerischen zu einer Bewältigung der emotionalen Spannungen zu gelangen: durch das ironische Spiel.

6 Himmlische und irdische Liebe in der romantischen Poesie

> Die romantische Dichtung wird von der Idee geleitet, in der gegebenen Realität transzendente Zusammenhänge und göttliche Kräfte zu erkennen und im Kunstwerk darzustellen. Sie ist daher im Wesentlichen transzendentale oder religiöse Poesie. Entsprechend treffen wir in ihrer Liebeslyrik auf einen zweifachen Liebesbegriff: die irdisch gegebene Sinnenliebe und die aufs Himmlische gerichtete Seelenliebe. Die Gedichte von Novalis, Brentano und Eichendorff legen Zeugnis ab von diesem Dualismus der Empfindungen und dem Versuch, ihn zu versöhnen. Als Textbeispiele für die gegensätzlichen Tendenzen dienen vor allem das Novalis-Gedicht „An Julien" und „Der Schiffer" von Eichendorff.

Novalis

An Julien

Daß ich mit namenloser Freude
Gefährte deines Lebens bin
Und mich mit tiefgerührtem Sinn
Am Wunder deiner Bildung weide -
5   Daß wir aufs Innigste vermählt
Und ich der Deine, du die Meine,
Dass ich vor allen nur die Eine
Und diese Eine mich gewählt,
Dies danken wir dem süßen Wesen,
10 Das sich uns liebevoll erlesen.

O! laß uns treulich ihn verehren,
So bleiben wir uns einverleibt.
Wenn ewig seine Lieb uns treibt,
So wird nichts unser Bündnis stören.
15 An seiner Seite können wir
Getrost des Lebens Lasten tragen
Und selig zu einander sagen:
Sein Himmelreich beginnt schon hier,
Wir werden, wenn wir hier verschwinden,
20 In seinem Arm uns wiederfinden.

Biografischer Zusammenhang	Das vorliegende Gedicht aus dem Jahre 1800 ist an die Verlobte Julie von Charpentier gerichtet, die Novalis (1772–1801) im selben Jahr zur Frau nehmen wollte. Schwere Krankheit und der Tod des Dichters ließen es nicht mehr zu. Dieser biografische Bezug macht aufmerksam auf eine enge Verflechtung von Dichtung und Lebenswirklichkeit in der Literatur seit dem 18. Jahrhundert. Für Novalis gilt, wie für Heine (vgl. Kapitel 5), dass die erlebte Liebe seine dichterische Existenz in beträchtlichem Ausmaß bestimmt hat. Doch im Mittelpunkt der folgenden Interpretation soll die inhaltliche Analyse stehen, um den auf den ersten Blick befremdlichen Sinn zu erfassen, den Novalis der Liebe in seinem Gedicht verleiht.
Liebesbeziehung als pragmatisches Bündnis	Das lyrische Ich formuliert in der 1. Strophe seine Beziehung zu der geliebten Frau auf mehreren Ebenen. Es bezeichnet sich als ihr ‚Lebensgefährte', was im Kontext mit dem Verb „vermählen" (Z. 5) auf ein eheliches Verhältnis hinweist, wobei das Verb im 18. Jahrhundert auch bedeutet: zur Ehe versprochen sein, sich verbinden. Dem geht eine bewusst getroffene Entscheidung voraus. Indem die Z. 7f. („vor allen nur die Eine [...] gewählt") die Wahlmöglichkeit thematisieren, kommt eine eher vernunftbetonte Liebesauffassung zum Ausdruck. In diesem Sinne spricht das Ich in der 2. Strophe von einem „Bündnis", in dem man gemeinsam des „Lebens Lasten" bewältigt. Das Verhältnis der beiden stellt sich dar als eine harmonische, anscheinend leidenschaftslose Lebenspartnerschaft. Obwohl auf dieser Ebene das Erotische in den Hintergrund tritt, lassen sich einige vage Anspielungen doch auch in diese Richtung deuten. Z. 3f. spricht von der außerordentlichen Schönheit der Frau („Wunder deiner Bildung"), deren Anblick der Liebende
Rolle der Sinnlichkeit	mit „tiefgerührtem Sinn" genießt. Die Körperschönheit erweckt also wohl sinnliche Begeisterung, doch bewegt sie sich innerhalb des beglückten Anschauens. Novalis hat der sinnenhaften Komponente der Liebe in seinen Dichtungen ein gewisses Recht zugestanden, er hat sie aber nicht für einen wesentlichen Teil in der Partnerschaft gehalten.
	Ihre eigentliche Erfüllung findet die Liebesbeziehung der beiden Gedicht-Figuren in einer anderen Dimension. Wir gelangen zu ihr, wenn wir den wörtlichen Gebrauch

des Begriffs ‚Liebe' im Gedicht näher betrachten. Er tritt einmal auf im Adverb „liebevoll" am Schluss der 1. Strophe und bezieht sich hier auf das „süße Wesen", dem die beiden ihren Bund verdanken, nämlich auf Christus. Novalis verwendet hier pietistische Sprach- und Denkformen, die er durch das Studium der Schriften Zinzendorfs (1700–1760) kennenlernt und die in der Romantik, aber auch bei Klopstock (vgl. Kapitel 8), eine große Rolle spielen. Es handelt sich um eine protestantische Reformbewegung, die der christlichen Lehre durch verinnerlichte Glaubensfrömmigkeit und den Gedanken der Wiedergeburt des Menschen in Christus neue Impulse gegeben hat.

Analyse des Wortgebrauchs ‚Liebe'

Der Strophenschluss besagt: Der gegenseitigen Wahl der Liebenden liegt voraus die Wahl Christi, in der er sich aufgrund seiner Liebe die beiden zu seinen Anhängern ausgewählt hat, d.h. sie zu seinen Gläubigen gemacht hat. Dieser religiöse Gedanke wird dann in der 2. Strophe weiter entfaltet. Als Antwort auf die Liebe Christi fordert das lyrische Ich zur gemeinsamen Anbetung des Herrn auf, durch die der Bestand ihres Liebesbundes gewährleistet wird. Ein zweites Mal zitiert nun das Gedicht den Begriff ‚Liebe' (Z. 13) und ordnet ihn wiederum Christus zu. Seine Liebe zu den Menschen soll den beiden als Vorbild dienen, ihre Nachahmung die Harmonie in ihrer Partnerschaft sichern. Das Bündnis der Liebenden ist Ausdruck einer Gemeinschaft vor Christus und mit ihm. Beide Textstellen, die von ‚Liebe' sprechen, meinen diese als Wesenszug des Gottessohns, und nur sie scheint den Namen ‚Liebe' zu verdienen. Die Liebesbeziehung zwischen den Menschen besitzt zwar eine innere Verwandtschaft mit der Christusliebe, doch ist sie ihr völlig untergeordnet. Die Liebe des Erlösers vermittelt den Menschen schon im Leben die Gewissheit vom ewigen Reich Gottes. Dort werden sich die Liebenden – in pietistischer Vorstellung – auf immer mit Christus vereinen.

Christliche Deutung der Liebe

Erfüllung im Jenseits

Unserem heutigen Verständnis erscheint es sehr befremdlich, dass Novalis sein Liebesgedicht mit der gedanklichen Vorwegnahme des Todes beendet und die eigentliche Erfüllung der irdischen Liebe, die nur eine Vorstufe der himmlischen ist, ins Jenseits verlegt. Den Romantikern (und vor allem Novalis) ist das Todesbewusstsein in positivem Sinne sehr vertraut. Anders als

Einswerden mit Christus

im Barock (vgl. Kapitel 9), herrscht in der romantischen Dichtung die Überzeugung, dass der Mensch im Tod die mystische Einswerdung mit dem Heiland erreicht und diese, als ein Akt höchster Liebe, dem Leben seine Vollendung gibt. Die Verbindung mit Christus ist ein Zustand ewiger Freude. Unter dieser Voraussetzung erscheint die „irdische Ehe als ein Abbild der unio mystica zwischen Mensch und Gott" (P. Kluckhohn, 1966, S. 496). Wenn die Liebe zwischen Mann und Frau eine solche Symbolbedeutung besitzen soll, dann muss sie, wie die Liebe Gottes zu den Menschen, unauflösbar sein. Daher rührt es, dass die Liebesbeziehung für die Romantiker in der Ehe ihren gültigsten Ausdruck findet; allerdings nur, wenn sie nach Hegel als innige Einheit geistig-leiblicher Zuneigung begriffen wird.

Menschen- und Gottesliebe

Das Wechselverhältnis zwischen Menschen- und Gottesliebe wird in dem Gedicht „An Julien" auch formal kunstvoll nachgebildet im Aufbau und in den syntaktischen Strukturen. Die gesamte 1. Strophe besteht aus einem einzigen Satzgefüge. In einer Folge von Konjunktionalsätzen (Z. 1–8) spricht das lyrische Ich von der Beziehung zwischen den Liebenden, dem Hauptthema der Strophe. Sämtliche Gliedsätze sind dem Hauptsatz „Dies danken wir dem süßen Wesen" untergeordnet. Im übergeordneten Satz wird der letzte Urheber der Liebe genannt, von dem alles andere abhängt. Ihm folgt noch ein Relativsatz, der die Verbindung zwischen Christus und dem Paar näher definiert. Das syntaktische und thematische Zentrum bildet aber der Hauptsatz (Z. 9).

Auch die 2. Strophe spiegelt in ihrem grammatischen Aufbau die Abhängigkeit der Liebenden von Christus wider. Die Zeilen 11 f. und 13 f. bestehen aus Konditionalsätzen (im ersten Fall durch den Aufforderungssinn verdeckt), in denen die Hinwendung zum Heiland als Bedingung genannt wird für das in den Hauptsätzen benannte Gelingen ihrer Partnerschaft: „... bleiben wir uns einverleibt" (Z. 12), „... wird nichts unser Bündnis stören" (Z. 14). Syntaktisch nebengeordnet sind die Aussagesätze der Zeilen 15–18, was ihrem inhaltlichen Sinn korrespondiert: Die Liebenden sehen sich nämlich an der Seite Christi und nicht mehr unter ihm. Die innere Gesamtbewegung der Strophe verläuft so, dass das Verhältnis der Liebenden zu Jesus von der Unterordnung zur Gleichsetzung und schließlich zur Vereinigung mit ihm führt.

Die alles umfassende und einigende Kraft ist die Liebe. Die Verklammerung der irdischen mit der religiös-transzendentalen Liebe, wie sie sich im Gedicht inhaltlich und formal spiegelt, führt bei Novalis dahin, dass es in Wahrheit nur eine Liebe gibt. „Die Liebe zur Geliebten und zu Gott sind wesenseins […], und diese Liebe reicht weit über die Schranken des diesseitigen Lebens hinaus" (P. Kluckhohn, 1966, S. 483). Damit erreicht der Liebesbegriff in der Romantik eine gedankliche und ästhetische Ausprägung, hinter der die erotisch-sinnlichen Komponenten weitgehend verschwinden. Im Gegensatz zur Liebesauffassung der Lyrik des 20. Jahrhunderts steht der göttliche Ursprung der Liebe so sehr im Mittelpunkt, dass sie im Grunde nur als reine, geistig-seelische Liebe erscheinen kann, wenn sie ihre Gottesherkunft nicht verraten will.

Göttlicher Ursprung der Liebe

Die christliche Deutung der Liebe – gegenüber Novalis um einige Aspekte erweitert – bildet auch das Grundthema der Dichtungen Eichendorffs (1788–1857). Die letzte Strophe des seiner Ehefrau gewidmeten Gedichts „An Luise" lautet:

Religiöser Liebesbegriff bei Eichendorff

> Doch wie den Blick ich dichtend wende,
> So schön in stillem Harme
> Sitzt du vor mir, das Kindlein auf dem Arme,
> Im blauen Auge Treu und Frieden ohne Ende,
> Und alles laß ich, wenn ich dich so schaue –
> Ach, wen Gott lieb hat, gab er solche Fraue!

Die vom lyrischen Ich angesprochene geliebte Frau wird in der 1. Strophe wegen ihrer Güte und beruhigenden Wirkung auf den Mann gerühmt. Dann verschmilzt der Dichter-Figur in den zitierten Zeilen ihr Anblick mit den Darstellungen der Jungfrau Maria, wie wir sie von vielen Bildern kennen: mit gefasstem Schmerz, das Kind im Arm. Die blauen Augen sind in Eichendorffs Gedichten häufiger ein poetisches Signal für Anspielungen auf die Gottesmutter. In Z. 12 des Gedichts „Die heilige Mutter" heißt es: „Das sind die treuen Augen, himmelblauen" (J. v. Eichendorff, *Werke*, München: Hanser, 1966, S. 279); sie sind im Kontext dieses Gedichts eindeutig auf Maria bezogen. Mit Hilfe solcher Andeutungen stellt Eichen-

Vergleich der geliebten Frau mit der Gottesmutter Maria

dorff eine Verbindung zwischen den dichterischen Frauengestalten – seien sie Geliebte oder seien sie Ehefrau – und der Himmelsjungfrau her. Die Liebespartnerschaft bzw. die Ehe bekommt damit stark religiöse Züge.

Die Liebe, die sich im Anblick der geliebten Frau zu erkennen gibt, führt das lyrische Ich zur Anschauung des Göttlichen. Eichendorff hat die zentrale Bedeutung, die das Motiv der Augen dabei besitzt, in seinem Gedicht „Der Blick" demonstriert. Es beginnt mit den Zeilen

> Schaust du mich aus deinen Augen
> Lächelnd wie aus Himmeln an.
>
> (DL, S. 182)

Die Poesie kennt den „Himmel" auch als metaphorische Umschreibung für höchstes irdisches Glück, aber bei Eichendorff ist der Begriff nie ohne religiöse Konnotationen verwendet. Sie müssen auch in den Zeilen der 3. Strophe mitgedacht werden, wenn das lyrische Ich in dem „reinsten Augenpaar" die „Quelle" des „Himmels" wahrnimmt. Der Bezug der Liebe zur göttlichen Transzendenz verleiht ihr erst ihren Sinn und ist die Ursache für das wirkliche Glück.

Liebe: Vorahnung himmlischen Glücks

Mit der christlichen Interpretation der Liebe zwischen den Menschen vollzieht Eichendorff in seinen Gedichten eine Idealisierung der Frau, die sich in einer der Marienverehrung ähnlichen Haltung ausdrückt. Der erotischen Liebesauffassung ist damit – ähnlich wie bei Novalis – eigentlich der Boden entzogen. Wir neigen dazu, diese idealistischen Tendenzen für wirklichkeitsfremd zu halten. Doch muss man vor einer solchen Einschätzung bedenken, dass die romantische Dichtung einen völlig anderen Wirklichkeitsbegriff besitzt als wir. Für sie gibt es höchste Realität nur im jenseitigen Reich des Göttlichen und des Geistes. Der Poesie fällt die Aufgabe zu, den Menschen eine Vorahnung dieses Reichs zu vermitteln und den Weg dorthin zu zeigen. Die irdische Wirklichkeit ist dagegen nur ein dürftiges Abbild; wie auch die menschliche Liebe ein schwacher Abglanz der himmlischen ist. Die Liebesdichtung soll aber vor allem die Erscheinungsformen der höchsten Liebe im poetischen Gleichnis darstellen.

Idealisierung der Liebe

Bei alledem bleibt die schmerzliche Differenz zwischen den hohen Ideen von Liebe und der wirklich gelebten menschlichen Liebe unaufhebbar bestehen. Sinnliche Leidenschaft stellt ein Wesensmoment der menschlichen Liebe dar. Aber wie soll die Sexualität mit der heiligen Liebe je versöhnt werden? Hier tut sich ein Dilemma auf, das die romantischen Dichter besonders deshalb so intensiv empfunden haben, weil sie an die Einheit aller Lebensäußerungen glaubten. Die Idee einer universalen Liebe, die alle Wesen durchwaltet, beruht auf der Vorstellung von einer einzigen Liebe. In der Dichtung von Novalis gelingt mit Hilfe religiöser und philosophischer Anschauungen noch eine Art von Synthese der Liebesformen zu einer allumfassenden Kraft.

Spannungen zwischen Sinnen- und Seelenliebe

Clemens Brentano (1778–1842), diesem „Pilger zwischen Babylon und Jerusalem", wie er sich selbst einmal nannte, ist die Zusammenfassung zur Einheit gänzlich fehlgeschlagen. In den Sehnsuchtsmotiven, in der Zerrissenheit des lyrischen Ichs, in der formulierten Sinnlichkeit spiegeln seine Gedichte das erotische Temperament des Autors, das in Konflikt mit seiner Gläubigkeit gerät. In einem Gedicht für die geliebte Emilie Linder schreibt der sechsundfünfzigjährige Brentano:

Eros in Brentanos Lyrik

> Ich weiß wohl, was dich bannt in mir,
> Die Lebensglut in meiner Brust,
> Die süße zauberhafte Zier,
> Der bangen tiefgeheimen Lust,
> Die aus mir strahlt ...

Das lyrische Ich (hier mit enger Verwandtschaft zum Dichter selbst) spricht von der Faszination des Erotisch-Sinnlichen, von dem es selbst in Bann geschlagen ist und an dessen unwiderstehliche Wirkung auf die Geliebte es glaubt. Die Glut-Metapher – „Lebensglut" meint natürlich: Liebesglut – verbindet sich mit der Erscheinung des Glanzes („Zier") zur Beschreibung der Lust, die ja der 5. Zeile zufolge eine strahlende Lust ist. Wärme und Licht gehören bei Brentano zur Sprache der Sinnenliebe, ebenso wie das Adjektiv „süß". Aber der Reiz des Erotischen wird auch „zauberhaft" genannt, und zwar im ursprünglichen Sinne als „mit Zauber behaftet". Das heißt: mit einer Macht zur Verführung ausgestattet, der etwas Dämonisches innewohnt und die einem wohl Angst („bang") machen kann.

Dämonische Zaubermacht der Liebe

Der Begriff des Zaubers stellt gleichsam ein Schlüssel-

Symbolgestalt Loreley

wort in der romantischen Liebesdichtung dar. Brentano hat ihm in der Sinnbildfigur der Loreley und der Romanze von ihrem Schicksal einen wirkungsmächtigen Ausdruck verliehen. Bereits die 2. Zeile des Gedichts nennt die verführerische Jungfrau „eine Zauberin". Später wird der Doppelsinn des Zaubers auf ähnliche Weise dargestellt wie in den Zeilen an Emilie. Der Bischof fragt die Verführerin:

> „Du arme Lore Lay,
> Wer hat dich dann verführet
> Zu böser Zauberei?"
> (Conrady, 1985, S. 363)

Die Liebeszauberin schlägt nicht nur die Männer in ihren Bann; sie ist selbst vom Eros auf qualvolle Weise verzaubert. Brentano schlägt in seinem Gedicht eine Erlösung von der Liebesdämonie vor, nach der auch Lore Lay selbst sich sehnt: als „Gottes Jungfrau" ins Kloster zu gehen. Doch sie ist zur Maria nicht geschaffen. Von der Macht des Eros gefesselt, stürzt sie sich hinunter in den Rhein. So verdirbt die Verderberin am Ende selbst.

Zauberkraft der erotischen Verführung

Auch Eichendorffs Lyrik kennt neben der christlich verankerten Seelenliebe, wie wir sie in den Gedichten „An Luise" oder „Der Blick" antreffen, die magische Zauberkraft der sinnlichen Verlockung. Das nachfolgende Sonett kann als Beispiel für die Eichendorff'schen Gedichte von der erotischen Gegenwelt dienen.

Joseph von Eichendorff

Der Schiffer

Du schönste Wunderblume süßer Frauen!
Ein Meer bist du, wo Flut und Himmel laden,
Fröhlich zu binden von des Grüns Gestaden
Der Wünsche blühnde Segel voll Vertrauen.

5   So schiffend nun auf stillerblühten Auen,
In Lockennacht, wo Blicke zaubrisch laden,
Des Munds Koralln in weißem Glanze baden,
Wen füllt' mit süßem Schauer nicht solch Schauen!

Viel hab ich von Sirenen sagen hören,
10 Stimmen, die aus dem Abgrund lockend schallen
Und Schiff und Schiffer ziehn zum kühlen Tode.

Ich muß dem Zauber ewge Treue schwören,
Und Ruder, Segel laß ich gerne fallen,
14 Denn schönres Leben blüht aus solchem Tode.

(um 1808)

Das Gedicht gliedert sich nach der üblichen Sonett-Struktur in zwei vierzeilige Strophen (Quartette) und zwei Dreizeiler (Terzette). Beide Teile sind durch unterschiedliche Reimbindungen (*abba abba* bzw. *cde cde*) deutlich voneinander getrennt. Die Quartette erhalten eine zusätzliche Abgeschlossenheit dadurch, dass sich die Zeilen 1 und 8 durch dieselbe syntaktische Struktur auszeichnen: Sie sind einzeilige Ausrufesätze mit schließendem Ausrufezeichen und legen sich wie eine Klammer um die erste Hälfte des Gedichts. Thematisch gestaltet dieser Teil die Eros-Erfahrung des lyrischen Ichs, während die zweite Hälfte eine reflektierende Verallgemeinerung des subjektiv Erlebten (Strophe 3) und die Schlussfolgerungen des Ichs (Strophe 4) enthält. Der Gesamtverlauf, der sich im Bild der Schiffsreise zwischen Ausfahrt und Untergang vollzieht, erfährt eine Steigerung, die bis zur Schlusszeile anhält.

Sonettstruktur und Gedichtaufbau

Das wichtigste Gestaltungsmittel, mit dem Eichendorff das Motiv der weiblichen Verführungsmacht poetisch veranschaulicht, besteht in den Bildvergleichen und Metaphern. Im preisenden Anruf der 1. Zeile benutzt das lyrische Ich die Umschreibung „Wunderblume süßer Frauen". Die Benennung einer geliebten Frau als Blume, z. B. als Rose oder Lilie, ist als traditionelles Klischee in der Lyriksprache bekannt. Eichendorff wählt aber mit Bedacht nicht eine bestimmte Blumenart zur Metaphernbildung, mit deren Hilfe der Leser assoziative Beziehungen zwischen der Schönheit der Pflanze (Form, Farbe, Duft usw.) und der Geliebten herstellen könnte, sondern er bedient sich des abstrakten Gebildes „Wunderblume". Dadurch wird die Vorstellung geweckt, dass die Frau nicht in bestimmten Äußerlichkeiten, sondern ihrem ganzen Wesen nach den Blumen gleicht. Wozu man noch wissen muss, dass die Blume als Teil des Vegetabilischen bei Eichendorff stets in den Bereich des rein Sinnlichen

Blumen-Metaphorik: Sinnlichkeit

weist. Zusätzlich werden der Frau durch die Metapher übernatürliche Eigenschaften und Wirkungen (‚Wunder') auf das lyrische Subjekt zugeschrieben. Und schließlich wird ihr das auf Sinnenreiz deutende Adjektiv „süß" zugeordnet. Allerdings lässt sich eine semantische Beziehung des Beiworts zwanglos auch zur Blume herstellen (süßer Duft) und ebenfalls zur Wahrnehmungsbereitschaft des lyrischen Ichs, in dem die weibliche Schönheit ja „süße" Empfindungen weckt – wie die Wiederholung des Adjektivs in Z: 8 („süßem Schauer") bestätigt. So wirkt die betörende Süße in allen Wesen.

Meeres-Metaphorik: Sehnsucht und Abenteuer

Der zweite Metaphernkomplex, mit dem Eichendorff die Faszination des Weiblichen auf das lyrische Subjekt umschreibt, ist das Meer. Es dient als Sinnbild für die Sehnsucht des Menschen, in die verlockende Ferne zu fahren. Entsprechend lädt es (das Meer, das eigentlich eine Frau ist) das Ich dazu ein, „der Wünsche blühende Segel" zu lösen. So verschmilzt das Erlebnis der Sinnenliebe mit dem Bild der abenteuerlichen Meerfahrt, bei der die eigenen Wünsche dem Schiffer als Antrieb („Segel") dienen, und zwar in geschickter Verschränkung mit der Blumen-Metapher als „blühende Segel", d. h. als dem organischen Wesen der Pflanzen verwandt.

Nacht als Sinnbild der Verlockung

Die 2. Strophe führt das Bild des Liebeserlebnisses als Reise weiter und benennt in metaphorischer Umschreibung einige ihrer ‚Stationen'. Waren es in Z. 2 noch sehr unbestimmt „Flut und Himmel", die das Ich faszinierten, so konkretisieren sich in Z. 6 – die mit Z. 2 syntaktisch auffällig übereinstimmt – die erotischen Anziehungskräfte: „In Lockennacht, wo Blicke zaubrisch laden". Die Metapher „Lockennacht" spielt an auf die in Eichendorffs Werk meist schwarz gelockte Liebeszauberin. Mit untergründiger Doppelbedeutung ruft sie zugleich die Gefahr wach, die dem Ich von der Verlockung der Nacht droht. Sie symbolisiert in solchem Zusammenhang das finstere Reich des Bösen.

Zum Arsenal der verführerischen Waffen gehören natürlich die „Blicke", die „zaubrisch laden" (= locken); ganz im Gegensatz zu den Gedichten „An Luise" und „Der Blick", in denen sie im Kontext mit der Helle des Himmels inneren Frieden und nicht Verwirrung stiften.

Weibliche Sinnenreize

Von sinnlicher Schönheit kündet das aufreizende Rot der Lippen, das Eichendorff nicht zufällig mit einer

Metapher der barocken Liebeslyrik formuliert („Des Munds Koralln"). Das kontrastierende Weiß der Wangen und der Zähne veranlasst eine weitere optisch reizvolle Bildfindung: Das faszinierend schöne Gesicht gleicht einem Bad, in das man eintauchen möchte. Auch dieses Bild knüpft an die Meeres-Metapher an und weckt zugleich Erinnerungen an poetisch-mythologische Badeszenen mit erotischem Inhalt (z. B. die schaumgeborene Aphrodite). In Z. 8 fasst das lyrische Ich die Wirkung der sinnbetörenden Reize in einem Ausruf zusammen. Eichendorff nutzt auf kunstvolle Weise die Klangverwandtschaft der Wörter „schauen" und „Schauer", um durch ein Wortspiel den Zusammenhang zwischen dem Anschauen der weiblichen Schönheit und den begehrlichen Empfindungen des Ichs („Schauer") zu verdeutlichen. Aber der Bezug des substantivierten Verbs „Schauen" ist wiederum doppeldeutig: Es meint das Schauen des lyrischen Subjekts selbst wie auch die lockenden Blicke der Verführerin. Und in das System der vielfältigen Verknüpfungen wird sogar der Leser hineingezogen, indem er die rhetorische Frage („Wen füllt' […] nicht") auch auf sich beziehen wird.

In der 3. Strophe verbindet das lyrische Subjekt in einer Art reflexiver Besinnung sein Erlebnis mit dem mythisch-heidnischen Zaubergesang der Wasserjungfrauen, von dem Homer in der *Odyssee* (XII. Gesang) berichtet und der von Eichendorff weitergeführt wird. Das Ich findet hier die eigene Verführungssituation vorgebildet, und es kennt die darin lauernden tödlichen Gefahren. Es weiß also, dass die Verlockungen aus dem „Abgrund" kommen und dass seine Fahrt dort enden wird, wenn es die Warnung der Erzählungen von den Sirenen überhört. Trotzdem schreckt die Vorstellung des „kühlen Todes" im „Abgrund" das verblendete Gedicht-Subjekt nicht ab. Sie besitzt vielmehr eine solche Anziehungskraft, dass der Untergang als glückhafte Verheißung erscheint („schönres Leben"). *Sirenen-Motive und Zaubergesang*

Die 4. Strophe lässt endgültig erkennen, dass das Ich der Eros-Gewalt wehrlos ausgeliefert ist: Es „muß" ihr „ewge Treue schwören". Damit handelt es unter einem Zwang, der ihm keine freie Wahl lässt, obwohl der Dichter ihm auf der anderen Seite eine Entscheidungsfreiheit („laß ich gerne fallen") einräumt. Im ambivalenten *Lebensbedrohende Macht des Eros*

Zwischenbereich von Müssen und Wollen entscheidet sich der Kampf des Menschen mit den sinnlichen Verlockungen. Wer ihnen erliegt, verliert die Lauterkeit seines Herzens („süße Schauer" verwirren ihn) und seine geistig-sittliche Freiheit (er muss dem Zauber folgen). So geht er als Mensch im höheren Sinne zugrunde. Das ist mit dem symbolischen Tod gemeint, der drohend am schwergewichtigen Ende der beiden letzten Strophen steht.

Und dennoch schließt das Gedicht mit der Behauptung des Ichs: „[...] schönres Leben blüht aus solchem Tode". Der Text scheint nun auch den Leser zum Irrglauben an die Macht des Eros verführen zu wollen. Doch aus der Kenntnis von Novalis' und Eichendorffs Liebeslyrik wissen wir, dass die romantische Einheit von Liebe und Tod nur dann positiven Sinn erhält, wenn der Tod zur Gemeinschaft der gläubigen Seelen mit Christus führt. Vor allem im Novalis-Gedicht „An Julien" wird die Vorstellung des Todes als Vorwegnahme der ewigen Seligkeit erlebt. Der symbolische Ort dieses schöneren Lebens ist für den Romantiker der Himmel als die wahre Heimat der Seele, niemals aber der „Abgrund".

Symbol des Abgrunds

Mit diesem Schlüsselbegriff spricht Eichendorff das Urteil über die Liebes- und Lebensreise des Schiffers. Zahllose Textstellen in seinem Werk belegen die negative Bedeutung von „Abgrund" (auch „Grund" oder „Schlund") als Ort der unerlösten Verlorenheit. Nur das verführte und völlig verblendete lyrische Ich kann der Illusion anheimfallen, hier ein „schönres Leben" zu gewinnen. In dem Gedicht „Der stille Grund", das ebenfalls von der Dämonie des Eros handelt, findet sich eine ausdrückliche Bestätigung für diese Interpretation von „Der Schiffer". Sein Titel signalisiert im Raumsymbol – verschärft durch die Stille – die Gefährdung des lyrischen Ichs. Eichendorff benutzt auch hier das Nixenmotiv und den Sirenengesang als Sinnbild für die erotische Verzauberung. Doch er gibt dem Gedicht eine völlig andere Schlusswendung. Die faszinierende Wirkung der weiblichen Schönheit wird gebrochen, als im rechten Augenblick die Morgenglocken, Symbolklänge des Glaubens, ertönen und den Zauber lösen:

Rettende Macht des Glaubens

Und hätt ich nicht vernommen
Den Klang zu guter Stund,
Wär nimmermehr gekommen
Aus diesem stillen Grund.

Die rettende Gegenmacht, die ja schon von Brentano in der „Lureley" beschworen wird, liegt im Religiösen. Es ist ein festes Motiv bei Eichendorff, durch ein frommes Lied oder das Läuten der Kirchenglocken die Befreiung seiner Figuren aus der verführerischen Situation ins Werk zu setzen. Das sich allein überlassene Ich – so wird in „Der Schiffer" erkennbar – geht ohne die Hilfe des Glaubens im Abgrund seiner eigenen Verführbarkeit verloren.

Ihre wichtigste Konkretion erfährt die bewahrende Kraft des Glaubens jedoch – sowohl bei Brentano wie bei Eichendorff – in der heiligen Jungfrau Maria. In ihr verkörpert sich die reine Gottesliebe als höchste Form der Liebe überhaupt. Dagegen drängt die Lyrik der Romantiker die erotische Liebe ganz in den Bereich des dämonischen Zaubers. Ihre Symbolfigur ist die heidnische Göttin der Sinnenlust: Venus.

Jungfrau Maria – Liebesgöttin Venus

Die bedeutendste poetische Gestaltung findet die Rolle der Venus als Gegenpart zur Maria in der „Tannhäuser"-Legende, die den Keim zu zahlreichen romantischen Dichtungen bildet. Die Volkslieder-Sammlung *Des Knaben Wunderhorn* enthält ein „Tannhäuser"-Lied; Tieck verarbeitet das Motiv im *Getreuen Eckart*; Eichendorff benutzt die Venus-Symbolik im *Marmorbild*; Heine schreibt eine Tannhäuser-Ballade; Wagner legt den Stoff einer großen romantischen Oper zugrunde. Die Grundidee des Motivkomplexes besteht in der für die Romantik so entscheidenden Trennung der Liebe in den triebhaft-sinnlichen und den seelisch-religiösen Bereich. Schon im alten „Tannhäuser"-Lied des 16. Jahrhunderts wird Venus als männerverderbende Teufelin der reinen Heilsfigur der Gottesmutter gegenübergestellt.

„Tannhäuser"-Legende

Die poetisch-allegorische Konzeption dieser strikten Trennung lässt erkennen, dass an eine Versöhnung von Körper und Geist in der romantischen Liebesdichtung nicht zu denken ist. Indem sie den Dualismus der Liebe mit Hilfe von mythischen Vorstellungen und symbolischen Gestalten veranschaulicht, siedelt sie die Darstellungen der Liebesbeziehung in einer Sphäre an, die fernab der Wirklichkeit liegt. Trotzdem müssen sich die

Aussagen dieser Lyrik auf das reale Phänomen der Liebe in der Lebenswirklichkeit beziehen lassen, wenn sie einen über die Dichtung hinausweisenden Sinn besitzen sollen.

Psychologische Deutung der Eros-Symbolik

Dieser Bezug kann auf zwei verschiedenen Ebenen hergestellt werden. Zum einen benutzt die romantische Liebeslyrik die symbolischen Motive, um die Wünsche und Sehnsüchte, die Hoffnungen und Ängste der menschlichen Seele poetisch ins Bild zu setzen. Durch diese psychologische Vorgehensweise gelingt es, allgemein gültige Grundzüge in der menschlichen Liebe sinnbildhaft zu verdeutlichen. Sie legt, neben anderen methodischen Zugängen, eine psychologische bzw. tiefenpsychologische Interpretation der Texte nahe.

Andererseits bestehen auch verhüllte Beziehungen zwischen einzelnen Liebesgedichten und der persönlichen Erlebnissphäre der Dichter. Eine solche Verbindung zeigt sich beispielsweise im Novalis-Gedicht „An Julien". Stärker ausgeprägt sind biografische Einflüsse im Werk Brentanos, weniger in den Dichtungen Eichendorffs.

Biografische Deutung des Liebesbegriffs

Clemens Brentano erwartete all das, was die romantische Liebesauffassung in ihren poetischen Darstellungen entwarf, von seiner Ehe mit Sophie Mereau. Sie sollte ihm, wie Werner Hoffmann schreibt, „zugleich Mutter, Geliebte und Mater Gloriosa sein" (W. Hoffmann, *Clemens Brentano. Leben und Werk*, Bern: Francke, 1966, S. 153). Aber kein Mensch kann eine solch grenzenlose Liebe geben, und so bleibt die utopische Sehnsucht nach dem allumfassenden Erleben unerfüllt.

> Der Gegensatz von Sinnenliebe und geistig-seelischer Liebe führt die romantische Lyrik in einen kaum lösbaren Konflikt. Die ersehnte Zusammenführung beider Formen der Liebe zur harmonischen Einheit gelingt als Idealvorstellung nur dann, wenn der menschliche Eros in der Liebe zu Christus/Gott aufgehoben wird (Novalis, Eichendorff). Im Grunde bleiben beide Bereiche getrennt und finden ihre jeweilige dichterische Gestaltung in Texten, die entweder eine religiöse Überhöhung der Liebe vornehmen (Vorbild: die Marienverehrung) oder sie mit Hilfe heidnisch-mythologischer Symbolfiguren (Venus, Sirenen usw.) als reine Sinnlichkeit dämonisieren (Brentano, Eichendorff).

7 Glück der Erfüllung – Glück des Entsagens

Goethes Liebeslyrik

> Goethes umfangreiches lyrisches Werk umspannt etwa sechs Jahrzehnte (ca. 1765 – 1830), und es ist in seinen wesentlichen Teilen Liebeslyrik. Von den enthusiastischen Jugendgedichten („Maifest") über die Dichtung der ‚ersten Mannesjahre' („Warum gabst du uns die tiefen Blicke") und der Klassik (*Römische Elegien*) bis hin zum Alterswerk („Selige Sehnsucht") wandeln sich naturgemäß Formgebung und thematische Akzentuierung. Entsprechend zeigt auch der Liebesbegriff auf den verschiedenen Entwicklungsstufen, wie wir an einigen Beispielen erkennen werden, jeweils eigene Ausprägungen.

Bei keinem anderen Dichter ist die Interpretation seiner Werke so eng mit dem Biografischen verknüpft worden wie bei Goethe. Seine Liebesgedichte lassen sich fast ausnahmslos konkreten Erlebnissen zuordnen, so dass erfahrene Wirklichkeit und poetische Fiktion eng ineinander greifen und sich wechselseitig erklären. Die Literaturwissenschaft bezeichnet solche Gedichte, denen persönliches Erleben und Empfinden zugrunde liegt, mit dem nicht unproblematischen Begriff der ‚Erlebnislyrik'. Ihre hauptsächliche Verwirklichung hat sie in den Gedichten Goethes und der Romantik gefunden. Goethe selbst hat immer wieder die enge Beziehung seiner Dichtungen zum Leben betont, wogegen die Lyrik vor Goethe eine eher gesellige, spielerisch erfindende Sprachkunst ohne realen Erlebnishintergrund darstellt (vgl. Kapitel 8 und 9).

Doch für die moderne Lyrik erscheint der Zusammenhang zwischen Gedicht und Lebensereignis mitsamt der biografischen Betrachtungsweise höchst problematisch. Sicher stehen auch Liebesgedichte von Celan, Krolow oder Ulla Hahn im Zusammenhang mit persönlichen Liebeserfahrungen, aber dieser ist bis zur Unkenntlichkeit

Liebe in Goethes Leben und Werk

Erlebnisdichtung

Biografie und Liebeslyrik

verschlüsselt. So bleibt die Intimitätsgrenze bewahrt, und es entsteht nicht der Eindruck, das private Schicksal könne die Anteilnahme der lesenden Öffentlichkeit beanspruchen.

Außerdem liegt der ‚Fall Goethe' schon insofern anders, als das Interesse der Literaturgeschichte nicht nur an seinem Werk, sondern auch an der Person unvergleichlich groß ist. Daher kann bei der Betrachtung der Gedichte der biografische Kontext nicht ganz vernachlässigt werden.

Erich Trunz, der Herausgeber der Hamburger Goethe-Ausgabe, bezeichnet das 1771 entstandene „Maifest" als das erste „ganz große Gedicht Goethes". Es gehört zu den Sesenheimer Liedern aus der Straßburger Zeit, die mit der Liebe zu Friederike Brion in Verbindung gebracht werden. Es soll als erstes Textbeispiel dienen, um in die Gedankenwelt der goetheschen Liebesauffassung einzudringen.

Sesenheimer Lyrik

Johann Wolfgang von Goethe

Maifest

Wie herrlich leuchtet
Mir die Natur!
Wie glänzt die Sonne!
Wie lacht die Flur!

5   Es dringen Blüten
Aus jedem Zweig
Und tausend Stimmen
Aus dem Gesträuch

Und Freud und Wonne
10 Aus jeder Brust.
O Erd', o Sonne,
O Glück, o Lust,

O Lieb', o Liebe,
So golden schön
15 Wie Morgenwolken
Auf jenen Höhn,

Du segnest herrlich
Das frische Feld -
Im Blütendampfe
20 Die volle Welt!

> O Mädchen, Mädchen,
> Wie lieb' ich dich!
> Wie blinkt dein Auge,
> Wie liebst du mich!
>
> 25 So liebt die Lerche
> Gesang und Luft,
> Und Morgenblumen
> Den Himmelsduft,
>
> Wie ich dich liebe
> 30 Mit warmen Blut,
> Die du mir Jugend
> Und Freud' und Mut
>
> Zu neuen Liedern
> Und Tänzen gibst.
> 35 Sei ewig glücklich,
> Wie du mich liebst.

Was den Leser an diesen Strophen faszinieren kann, sind der dynamisch vorwärts treibende Sprachduktus, die Fülle der natürlichen Sinneseindrücke, die helle, erfrischende Stimmung, die sich rückhaltlos aussprechende Begeisterung des lyrischen Ichs. Die Sprach- und Gefühlsintensität zieht den Leser unwiderstehlich in die Atmosphäre des Ganzen hinein. Diese ist bis in die einzelnen Aufbauelemente hinein so sehr von Bewegung durchströmt, dass bei der spontanen Rezeption kaum auf textliche Details geachtet werden kann. Die Ursache für den drängenden Bewegungsablauf liegt in der innerlich gesteigerten Verfassung des Gedicht-Subjekts, die dem Leser vermittelt werden soll. Wie aber hat Goethe die Textdynamik künstlerisch realisiert?

Dynamischer Stil

Zum Ersten wird durch die Verwendung der zweihebigen Kurzverse ein hohes Sprachtempo erreicht. Schreibt man das Gedicht in der Weise um, dass man die beiden Kurzzeilen zu einem Langvers zusammenfasst, spürt man den Unterschied in der Wirkung:

Sprachtempo

> Wie herrlich leuchtet mir die Natur!
> Wie glänzt die Sonne! Wie lacht die Flur!

Der Sprachfluss verlangsamt sich, die dynamischen Auf- und Abschwünge werden eingeebnet. Hinzu kommt, dass die Kurzverse aufgrund der syntaktischen Struktur viele Zeilensprünge erforderlich machen, die ein fortlaufendes Gefälle zwischen den Zeilen herstellen (v. a. die Strophen 2, 5, 7–9) und so zur Dynamik beitragen.

Strophische Gliederung

Auch das zweite wichtige Aufbauelement, die Strophe, wird davon erfasst. Das Hinübergleiten der Sinneinheiten macht an den Strophengrenzen nicht halt, sondern fügt mehrere Strophen inhaltlich und syntaktisch eng zusammen (Strophen 2 und 3, 4 und 5, 7 und 8 und 9). Dadurch entfallen die üblichen Pausierungen zwischen den Strophen. Wo aber solche Pausen aus formalen Gründen einzuhalten wären, stellt Goethe mit anderen Mitteln fließende Übergänge her. So am Schluss der 3. und am Beginn der 4. Strophe durch die Parallelstruktur: „O Glück, o Lust." // „O Lieb', o Liebe"; oder zwischen Strophe 6 und 7 durch die Wiederaufnahme des Verbs: „Wie liebst du mich!" // „So liebt die Lerche". Die Gliederung des Gedichts in neun Strophen wird also vom

Übergreifende rhythmische Einheiten

unaufhaltsamen Strömen des Rhythmus immer wieder ‚überspült'. Dadurch bringt Goethe die überschäumenden Glücksempfindungen des Gedicht-Subjekts so zur Sprache, dass die Unmittelbarkeit des Erlebens ‚wirklich hörbar' wird. Rhythmus besitzt bei Goethe stets eine große Aussagekraft; Rhythmus-Analyse ist bei seinen Gedichten ein wichtiger Interpretationsschritt.

Unter den rhetorischen Elementen der spontanen Gefühlsäußerung im „Maifest" nimmt die Sprachfigur des

Interjektionen

Ausrufs mit der Interjektion „O" bzw. dem emphatischen „Wie" den größten Raum ein. In 14 von 36 Zeilen dominieren die Ausrufesätze, und selbst die Aussagesätze der Strophen 5 und 7–9 gewinnen aufgrund ihrer Expressivität den Charakter von Ausrufesätzen. Alles ist auf Steigerung und Gefühlsunmittelbarkeit angelegt, zu reflektierender Besonnenheit bleibt weder die innere Ruhe noch die nötige Zeit.

Aufgrund der genaueren Formanalyse ist deutlich geworden, mit welchen sprachlichen und kompositorischen Mitteln der Dichter die hochgestimmte Empfindungslage des lyrischen Subjekts in der formalen Gestaltung des Gedichts überzeugend zum Ausdruck bringt. Dem ent-

Lebensfrohe Stimmung

spricht auf der inhaltlichen Ebene eine heitere, lebensfrohe Stimmung, die nicht nur das Gedicht-Ich, sondern alle Wesen ergreift.

Das beginnt mit der äußeren Situation des Frühlingsmorgens, in der das Leben sich zu neuer Tätigkeit entfaltet. Wenn Goethe gerade den Morgen wählt, gibt er dadurch zu verstehen, dass die Liebe im „Maifest" nicht als weltabgeschlossene, innerseelische Beziehungen zweier Individuen verstanden werden soll. Wie alles sich dem beginnenden Tag öffnet, so öffnet sich das lyrische Ich mit seinen Empfindungen der Welt, die an seinem Glück teilnehmen soll.

Erlebte und erlebende Natur

Die morgendliche Naturszene dient in beträchtlichem Umfang zur Herstellung der freudigen Stimmung, die das ganze Gedicht durchwaltet. Sie baut sich auf aus Licht, Farben und Tönen, aus dem Gesang der Vögel, dem Duft der Blüten, aus der Weite von Himmel und Erde. So entsteht ein bewegter Kosmos voller Lebendigkeit und kräftiger sinnlicher Eindrücke. Eine herausragende Bedeutung kommt dabei – wie fast immer bei Goethe – den optischen Vorgängen zu. Das Leuchten der Natur, bewirkt vom Glanz der Sonne, setzt sich fort im goldenen Schein der Liebe (Z. 13 f.) und wiederholt sich als ein sichtbares Zeichen der inneren Haltung im Leuchten der Augen (Z. 33). Wir spüren, dass die Natur nicht mehr nur Stimmungsträger, poetische Dekoration oder Spiegelbild für die menschlichen Gefühle ist wie in den vorgoetheschen Gedichten. Vielmehr wird sie ganz in die Gefühlsbewegung mit hineingenommen.

Einheit Mensch – Natur

Der innige Zusammenklang von Mensch und Natur, von Ich und Welt stellt sich in diesem Gedicht als die eigentliche Grundlage für die Erfüllung des höchsten Glücks dar. Goethe erreicht dies vor allem durch die ständige Parallelisierung der Ich-Empfindungen mit Naturvorgängen. Bereits die Eingangszeile stellt das Leuchten der Natur in eine ausdrückliche Beziehung zum lyrischen Subjekt („leuchtet / Mir die Natur"). Der „Flur" werden durch die personifizierende Wirkung des Verbs „lachen" menschliche Züge verliehen. In den Zeilen 5–10 wird aufgrund der Abhängigkeit der drei Satzglieder vom gemeinsamen Verb „dringen aus" ein Zusammenhang durch die Syntax gestiftet. In sich steigernder Abfolge sind „Blüten" (Bereich der Pflanzen), dann „Stimmen" (Bereich der Tiere) und zuletzt „Freud und Wonne" (menschlicher Empfindungsbereich) in einer grammatischen Struktur zusammengefasst und suggerieren so eine tatsächliche Gemeinsamkeit.

Personifikationen

Die parallele Anordnung der folgenden sechs Ausrufe

verrät auf den ersten Blick ihre innere Zusammengehörigkeit. „Erde" und „Sonne" verschwistern sich für das lyrische Ich ebenso wie das „Glück" mit der „Lust". Die „Liebe" als die höchste aller Seinsmächte korrespondiert nur mit sich selbst. Aber die Zeilen 13–16 stellen durch den Wie-Vergleich mit den „Morgenwolken" auch die Liebe wieder in den Naturzusammenhang, wobei die „Höhe" allerdings auf ihren überirdischen Rang aufmerksam macht. Das wird in der 5. Strophe nochmals gesteigert, indem die Liebe als personifizierte Gestalt das „frische Feld", ja die gesamte „Welt" segnet. Mit der religiösen Anspielung weist das Gedicht der Liebe eine Stellung zu, die eigentlich Gott einnimmt – so wie es in Eichendorffs „Nachts" heißt:

Liebe als göttliche Kraft

> Denn der Herr geht über die Gipfel
> Und segnet das stille Land.
> (Conrady, 1985, S. 387)

Dem christlichen Denken gilt die Liebe als höchste Wesensbestimmung Gottes, und das entspricht sicher auch Goethes Überzeugung, so dass die Gleichsetzung des biblischen „Gott ist die Liebe" auch für das Gedicht „Maifest" gelten darf. Damit ist die umfassendste Bedeutung des Liebesbegriffs erreicht, denn nun sind alle Wesen des Kosmos und auch ihr Schöpfer gleichermaßen von der Liebe durchdrungen.

Erstmals richtet sich der Blick des lyrischen Ichs in der 6. Strophe auf das eigene, ‚private' Liebesglück. Aber Goethe stellt mit dem Vergleich in der nachfolgenden Strophe sogleich wieder einen größeren Naturzusammenhang her: „So liebt die Lerche / [...] / Und „Morgenblumen [...], / Wie ich dich liebe" (Z. 25–29). Damit variiert das Gedicht noch einmal den Gedanken, den es in den Zeilen 5–10 schon ausgedrückt hat. Aber durch das komparative „so ... wie" sagt es hier nun ausdrücklich, dass die Liebe als treibende Kraft in den Tieren, Pflanzen und Menschen unterschiedslos wirksam ist, dass sie alle an einem universalen Liebesvermögen teilhaben. Dieser umfassende Liebesbegriff hat bei Goethe, wie in der Romantik, einen metaphysischen Sinn, denn was eine solche allumfassende Liebe konkret bedeutet, ist ungewiss. Aber die goethesche Liebesauffassung erscheint sehr viel naturnäher und diesseitiger als die romantische, weil sie

Allumfassende Liebe

Goethes Liebesbegriff und die Romantik

von der irdischen Menschenliebe ausgeht. So erhalten auch die sinnlichen Komponenten im „Maifest" ihr volles Recht. Die Formulierung „Mit warmen Blut" ist dafür ein Schlüsselbegriff bei Goethe; die Zeile 12 spricht in ähnlichem Sinne vom „Glück" der „Lust".

Alle Empfindungen der Liebesbegeisterung und der Freude besitzen in dem Gedicht ihre Erfüllung in sich selbst. Sie bedürfen keiner zusätzlichen theologischen Rechtfertigung wie in der Romantik und sind auch nicht bloße Vorstufen zu einer höheren Liebe. Noch ein halbes Jahrhundert später heißt es in der (Marienbader) „Elegie" der „Trilogie der Leidenschaft" von 1823:

Johann Wolfgang von Goethe

Elegie

Dem Frieden Gottes, welcher euch hienieden
Mehr als Vernunft beseliget – wir lesen's –,
Vergleich' ich wohl der Liebe heitern Frieden
In Gegenwart des allgeliebten Wesens;
Da ruht das Herz, und nichts vermag zu stören
Den tiefsten Sinn, den Sinn, ihr zu gehören.

Im Temperament mag sich die Liebesvorstellung geändert haben – „heiterer Friede" nun statt überschäumender Begeisterung –, aber das entschiedene Bekenntnis zur Liebe („ihr zu gehören") bleibt bestehen. Vergleichbar dem „Frieden Gottes", trägt sie ihren „tiefsten Sinn" in sich selbst.

Das ungetrübte Glücksempfinden, die lebens- und liebebejahende Zuversicht, wie sie im „Maifest" zum Ausdruck kommen, sind an Voraussetzungen gebunden, die das moderne Liebesgedicht kaum mehr kennt. Das lyrische Subjekt muss sich nicht nur seiner eigenen Gefühle, sondern auch der Gegenliebe sicher sein. Zweimal betont es daher ohne den geringsten Zweifel die Gleichgestimmtheit des Fühlens („Wie lieb' ich dich! [...] Wie liebst du mich!" – „Wie ich dich liebe [...] Wie du mich liebst.") Nur aufgrund dieser Gewissheit kann das Ich die Liebe als „Glück" und „Lust" empfinden statt als existenzielle Bedrohung. Es ist der Glaube an die glückliche Liebe, die Goethes Leben unerschütterlich trägt.

Neben der Selbstgewissheit des lyrischen Ichs trägt im

Goethes Liebeszuversicht

Harmonie von Ich und Welt

„Maifest" auch eine große soziale Zuversicht zur positiven Grundstimmung bei. Die Bereitschaft zum bedenkenlosen Aussprechen der subjektiven Gefühle, zum Sich-der-Welt-Mitteilen, kann nur von einem Ich ausgehen, das sich mit der Gesellschaft und der Natur in einem intakten Verhältnis weiß. Kommunikationspartner des Gedicht-Subjekts ist ja nicht nur die Geliebte, sondern die ganze Welt ist einbezogen und soll teilnehmen am Glück des Individuums. Ein solches Ur-Vertrauen ist dem Lyriker der Moderne gänzlich abhanden gekommen, weshalb sich das Ich in der neueren Liebeslyrik mehr und mehr monologisch ‚einigelt' und sich auch dem geliebten Du entfremdet. Goethes Liebesdichtung steht dieser Entwicklung noch ganz fern.

Man muss bei der Sesenheimer Lyrik und insbesondere dem „Maifest" allerdings bedenken, dass sie von der unbefangenen Jugendlichkeit Goethes geprägt ist. Es schwingt darin noch die enthusiastische Überzeugung mit, dass dem glücklichen Augenblick der Liebe unbegrenzte Dauer gewährt sei. Das meinen die optimistischen Schlusszeilen des Gedichts. Der Blick richtet sich am Ende nicht nur auf die Gunst des gegenwärtigen Moments, sondern auch auf die Zukunft. Aber es ist ein flüchtiger Blick, der die Stimmung nicht weiter trübt. In der eigenen Lebenswirklichkeit stehen Goethe die schmerzlichen Erfahrungen des Liebesverlusts und der Entsagung noch bevor. Das bewirkt in seiner späteren Lyrik eine gedämpftere Atmosphäre, eine gezügelte Formensprache und einen höheren Grad an Reflexivität. Die positive Grundauffassung der Liebe als „Krone des Lebens" bleibt mit veränderten Akzenten dennoch bewahrt.

Dauer der Liebe

Gedichte für Frau von Stein

Der wichtigsten Frauengestalt in seinem Leben, Charlotte von Stein, widmete Goethe das großartige Liebesgedicht „Warum gabst du uns die tiefen Blicke". Sie erhielt es 1776 mit einem Brief. Der ‚private' Charakter des Gedichts lässt sich an der Tatsache ablesen, dass Goethe es nie zum Druck gegeben hat und eine Veröffentlichung erst 1848 erfolgte. Charlotte von Stein war, im Gegensatz zu den jugendlich-naiven Mädchen, denen der Dichter im Allgemeinen seine Zuneigung geschenkt hat, die überlegene, reife Frau, der er sich unterwarf. Sie war verheiratet, und so kam Erfüllung im Sinne der sonstigen

Liebesverhältnisse nicht in Betracht. Schon aufgrund der biografischen Voraussetzungen wird verständlich, dass das Gedicht in der gesamten Haltung vom „Maifest" grundverschieden ist.

Johann Wolfgang von Goethe

Warum gabst du uns die tiefen Blicke

Warum gabst du uns die tiefen Blicke,
Unsre Zukunft ahndungsvoll zu schaun,
Unsrer Liebe, unserm Erdenglücke
Wähnend selig nimmer hinzutraun?
5 Warum gabst uns, Schicksal, die Gefühle,
Uns einander in das Herz zu sehn,
Um durch all' die seltenen Gewühle
Unser wahr Verhältnis auszuspähn?

Ach, so viele tausend Menschen kennen,
10 Dumpf sich treibend, kaum ihr eigen Herz,
Schweben zwecklos hin und her und rennen
Hoffnungslos in unversehnem Schmerz;
Jauchzen wieder, wenn der schnellen Freuden
Unerwart'te Morgenröte tagt.
15 Nur uns armen liebevollen beiden
Ist das wechselseit'ge Glück versagt,
Uns zu lieben, ohn' uns zu verstehen,
In dem andern sehn, was er nie war,
Immer frisch auf Traumglück auszugehen
20 Und zu schwanken auch in Traumgefahr.
Glücklich, den ein leerer Traum beschäftigt!
Glücklich, dem die Ahndung eitel wär'!
Jede Gegenwart und jeder Blick bekräftigt
Traum und Ahndung leider uns noch mehr.
25 Sag', was will das Schicksal uns bereiten?
Sag', wie band es uns so rein genau?
Ach, du warst in abgelebten Zeiten
Meine Schwester oder meine Frau;

Kanntest jeden Zug in meinem Wesen,
30 Spähtest, wie die reinste Nerve klingt,
Konntest mich mit e i n e m Blicke lesen,
Den so schwer ein sterblich' Aug durchdringt.
Tropftest Mäßigung dem heißen Blute,
Richtetest den wilden irren Lauf,
35 Und in deinen Engelsarmen ruhte
Die zerstörte Brust sich wieder auf;

Hieltest zauberleicht ihn angebunden
Und vergaukeltest ihm manchen Tag.
Welche Seligkeit glich jenen Wonnestunden,
40   Da er dankbar dir zu Füßen lag
Fühlt' sein Herz an deinem Herzen schwellen,
Fühlte sich in deinem Auge gut,
Alle seine Sinnen sich erhellen
Und beruhigen sein brausend Blut.

45   Und von allem dem schwebt ein Erinnern
Nur noch um das ungewisse Herz,
Fühlt die alte Wahrheit ewig gleich im Innern,
Und der neue Zustand wird ihm Schmerz.
Und wir scheinen uns nur halb beseelet,
50   Dämmernd ist um uns der hellste Tag.
Glücklich, dass das Schicksal, das uns quälet,
Uns doch nicht verändern mag.

Formale Entsprechungen zur Gedankenschwere

In seiner weitausholenden Formgebung mit drei achtzeiligen Strophen, einer zwölfzeiligen und einer sechzehnzeiligen sowie dem ernsten fünfhebigen Trochäus der Zeilen lässt sich kein stärkerer Gegensatz zum Sesenheimer Lied vorstellen. Die zweifelnde Gedankenschwere des liebenden Ichs mit einer Fülle von Fragen benötigt zur poetischen Entfaltung offenbar die größere Form, während dem seiner Liebe selbstverständlich sicheren Ich ein knapper, expressiver Ausdruck genügt. An die Stelle des stürmisch vorwärts drängenden Rhythmus des „Maifest" tritt ein gemessenes, besonnenes Tempo.

Herrscht im „Maifest" die Freude über das gegenwärtige Glück, in welche die gesamte Natur einbezogen ist, so richtet sich jetzt der Blick auf den nach außen hin abgeschlossenen Innenraum der Liebesbeziehung und ihrer ungewissen Zukunft. Der Gedanke an die Dauer der Liebesbeziehung klang im frühen Gedicht am Schluss nur beiläufig an, während nun das Gedicht gerade mit diesem Vorausblick sorgenvoll einsetzt. Das unbeschwerte Erleben der Zuneigung weicht dem Drang, sich über sie

Zwanghaftes Ergründen der Liebe

und das geliebte Du durch reflektierendes Erkennen eine Klarheit zu verschaffen (das „wahr Verhältnis"), die für die unmittelbare Liebesgewissheit des lyrischen Ichs im „Maifest" wie von selbst gegeben ist. Die dort herrschenden Empfindungen der harmonisch ungetrübten Liebe finden sich im Gedicht für Charlotte als vielfältig gebrochene, schwer durchschaubare Gefühle wieder, die in Z. 7 als „seltene Gewühle" bezeichnet werden.

In der 2. Strophe stellt das lyrische Subjekt seinem Zustand die ganz andere Situation der übrigen Menschen gegenüber. Ihre naive, schwärmerische Liebesbegeisterung beruht darauf, dass sie sich blind dem Erlebnis hingeben. Sie suchen den Partner nicht in seinem wahren Selbstsein zu erfassen, sondern verklären ihn zu einer Wunschgestalt („was er nie war"). So schaffen sie sich ein „Traumglück" (Z. 19), das der Wirklichkeit nicht entspricht (eben kein „wahr Verhältnis" ist) und der ständigen Gefahr des Irrtums („Traumgefahr", Z. 20) ausgesetzt ist. Genau dieses Glück der unreflektierten Liebe hat das lyrische Ich im „Maifest" erlebt. Den Liebenden des Gedichts „Warum gabst du uns" bleibt es gänzlich versagt. Deshalb ist auch der innige Zusammenhang zwischen ihnen und der Welt der anderen zerrissen; der vormals einheitliche Liebesbegriff zerfällt in zwei unterschiedliche Bedeutungen. Das lyrische Ich formuliert angesichts seiner eigenen ungewissen Situation die naiven Erlebnismöglichkeiten der anderen mit neidvollem Blick („Glücklich, den ein leerer Traum beschäftigt"). Es besteht kein Zweifel, dass Goethe seine unbeschwert glückliche Liebesbegegnung mit Friederike Brion und das schwierige Verhältnis zu Charlotte von Stein als einen solchen Gegensatz gedeutet und in den beiden grundverschiedenen Gedichten poetisch ‚verarbeitet' hat.

Glück der Naivität

Verlust naiver Glücksmöglichkeit

In der 4. Strophe lenkt das lyrische Ich den Blick auf die Wirkungen, welche die Liebe und die Geliebte auf seine Haltung ausüben. Im Zentrum steht der sittlich läuternde Einfluss der Frau. Mit Hilfe geläufiger Sinnlichkeitsmetaphern („heißes Blut", „brausendes Blut", „wilden, irren Lauf") bekennt sich das Ich zu seinem erotischen Verlangen. Die Geliebte mäßigt und beruhigt die Leidenschaftlichkeit und lenkt den Eros auf die Bahn der unsinnlichen Seelenliebe. Eine in Goethes früherer Lyrik unbekannte ethische Komponente dringt jetzt in den Liebesbegriff ein. Das Ich ruht in den „Engelsarmen" der Geliebten, es fühlt sich in ihrem Auge „gut". Statt Besitz bedeutet es ihm höchstes Glück, „dankbar" zu ihren Füßen zu liegen. Statt der Erfüllung leidenschaftlicher Wünsche erfährt das lyrische Subjekt, dass „Alle seine Sinnen sich erhel-

Geläuterte Sinnlichkeit

len" (Z. 43). Das dunkle Begehren lichtet sich zur Klarheit einer lauteren Haltung gegenüber der Frau. Dieser Gedanke von der sittlichen Steigerung des Lebens durch die reine Liebe erinnert vor allem an die mittelalterliche Minnelyrik (vgl. Kapitel 10). Für Goethe bedeutet er „eine Wandlung im Verstehen des Liebesvorgangs", ein Vorzeichen der klassischen Stufe (Arthur Henkel, *Entsagung*, Tübingen: Max Niemeyer, 1954, S. 134f.). „Liebe ohne Besitz", Entsagung im Erotischen und die Vergeistigung der Liebe zum harmonischen Seeleneinklang sind durch eine gelöste Heiterkeit aufgewogen. Aber Goethes Gedicht schließt weniger heiter, als es die Stimmung der erinnerten Liebesbeziehung erwarten lässt. Die letzte Strophe führt die Liebenden nämlich in die unentschiedene Situation der Gegenwart zurück. Die Vorstellungen von der idealen, harmonischen Liebe haben dem lyrischen Ich zwar das schöne Ziel vor Augen geführt, wie dies aber in seiner gegenwärtigen Realität erreicht werden könnte, bleibt unklar. Am Ende steht nur eine Gewissheit: Wenn sich die Liebenden trotz aller Qual treu bleiben, gibt es eine Hoffnung auf die Wiederherstellung eines vormals erreichten Glücks.

Sittliche Wandlung durch Liebe

Neben dem Glanz des Reinen und Humanen, der von solch vergeistigter Liebe ausgeht, haftet ihr auch ein Zug von Unwirklichkeit an. Eduard Spranger (*Goethe*, Tübingen: Max Niemeyer, 1956, S. 406) nennt den „Drang nach Seeleneinheit und Seelenschönheit ein *ästhetisches Lebensideal*". Von der Frau, die für Goethe diesen Seelenadel besaß, beurteilt Gert Ueding, dass der Dichter aus ihr „eine Kunstfigur, ein Idealbild als Adressatin seiner Liebe" gedichtet habe (*Klassik und Romantik. Hansers Sozialgeschichte der deutschen Literatur*, Bd. 4, München: Deutscher Taschenbuch Verlag, 1987, S. 626). Und Barker Fairley nennt Charlotte von Stein „Goethes unzertrennliche Gefährtin und unerreichbare Madonna, sein Ideal und anderes Ich" (*Goethe, dargestellt in seiner Dichtung*. Frankfurt a. M.: Insel, 1968, S. 35).

Idealisierung der Frau

Liebe als Ideal

Diese drei übereinstimmenden Äußerungen zu dem Komplex der Liebeslyrik für Frau von Stein veranschaulichen sowohl den außergewöhnlichen Rang der Liebesauffassung als auch ihre Problematik. Die Erfüllung der Ansprüche, welche die ideale Liebe an den Menschen stellt, verlegt das Gedicht in eine vergangene, irreale

Welt. Es konkretisiert seine Idee mit poetischen Mitteln, indem es vor der Realsphäre des Gedichts (die Gegenwart der Liebenden) in einen fiktiven Raum (die „abgelebten Zeiten", Z. 27) eines früheren Lebens ausweicht. Eine Antwort darauf, wie das Ideal der reinen Liebe in der erlebten Gegenwart bewahrt werden kann, gibt der Text nicht.

Stellen wir das Gedicht „Warum gabst du uns die tiefen Blicke" in den Lebens- und Werkzusammenhang Goethes, so können wir sagen, dass es – zusammen mit anderen Gedichten an Charlotte von Stein – eine wichtige Stufe der Reife repräsentiert, auf der die seelisch-geistige Seite der Liebe die naturhaft-sinnliche überragt. Die Haltung ist der im „Maifest" herrschenden ganz entgegengesetzt. Diese Kontraposition verlangt im Leben wie in der Dichtung nach versöhnendem Ausgleich. Die nachfolgende Liebeslyrik Goethes legt Zeugnis davon ab, wie die beiden Stufen in einer höheren Ausgewogenheit aufgehoben werden.

Ausgleich zwischen Seelenliebe und Sinnentrieb

In der Liebeslyrik der *Römischen Elegien* (1788–1790) unternimmt Goethe den Versuch, die natürlich-sinnliche Komponente der Liebe zu ihrem Recht kommen zu lassen und mit der geistig-seelischen Existenz des Menschen in Einklang zu bringen. Die heitere, harmonische Grundhaltung der Gedichte steht in deutlichem Gegensatz zu der Liebeslyrik für Charlotte von Stein, sie übersteigt aber auch die jugendliche Unbefangenheit eines Gedichts wie „Maifest". Eine vergleichbare Stimmung herrscht im großen Gedichtzyklus des *West-östlichen Divan* (1819–27). Allerdings erfährt der Liebesbegriff hier eine für Goethes Spätwerk charakteristische Verknüpfung mit religiösen Motiven und Symbolen. Als Beispiel für die reife Lyrik folgt an dieser Stelle das 1814 entstandene Schlussgedicht des 1. „Divan"-Buches.

Goethes späte Liebeslyrik

Johann Wolfgang von Goethe

Selige Sehnsucht

Sagt es niemand, nur den Weisen,
Weil die Menge gleich verhöhnet,
Das Lebendge will ich preisen,
Das nach Flammentod sich sehnet.

5 In der Liebesnächte Kühlung,
Die dich zeugte, wo du zeugtest,
Überfällt dich fremde Fühlung,
Wenn die stille Kerze leuchtet.

Nicht mehr bleibest du umfangen
10 In der Finsternis Beschattung,
Und dich reißet neu Verlangen
Auf zu höherer Begattung.

Keine Ferne macht dich schwierig,
Kommst geflogen und gebannt,
15 Und zuletzt, des Lichts begierig,
Bist du Schmetterling verbrannt.

Und so lang du das nicht hast,
Dieses: Stirb und werde!
Bist du nur ein trüber Gast
20 Auf der dunklen Erde.

Gedanken- statt Erlebnisgedicht	Im Gegensatz zu den beiden anderen Goethe-Gedichten spricht das lyrische Ich dieses Textes nicht von einem bestimmten Liebeserlebnis, sondern es verkündet aus gedanklicher Distanz eine allgemeine Einsicht über die Liebe. Demzufolge ist die Sprechweise des Gedicht-Subjekts nicht leidenschaftlich, sondern mitteilend-belehrend. Die Du-Anrede mit ihrem Selbstgesprächscharakter richtet sich an den verständnisbereiten Leser („Weisen") und macht ihn zum Mitwisser der ‚Lehre'. Das vertrauliche „Du" stellt so eine Gemeinschaft her, von der die „Menge" ausgeschlossen bleibt.
Goethes Symbolik	Die große poetische Kunst des Gedichts besteht vor allem darin, dass es seine Aussage nicht in argumentierenden Begriffen mitteilt, sondern durch gleichnishafte Bilder, die in einem zentralen Symbol zusammengefasst werden. Solche Bildsymbole gehören zu den wichtigsten Elementen der goetheschen Lyrik, und von ihrem Verständnis hängt es ab, ob wir den Sinn des Gedichts erfas-

sen. Goethe hat sich zur symbolischen Gestaltungsweise in der Dichtung selbst geäußert: „Die Symbolik verwandelt die Erscheinung in Idee, die Idee in ein Bild, und so, dass die Idee im Bild immer unendlich wirksam und unerreichbar bleibt". („Maximen und Reflexionen Nr. 749", in: *Goethes Werke*, Bd. 12, hrsg. von E. Trunz, Hamburger Ausgabe, München: C. H. Beck, 1973, S. 470). Goethe will damit Folgendes ausdrücken: In der Erscheinung, d. h. in einem konkreten menschlichen Erlebnis, kann eine bedeutsame Erkenntnis über das Leben, also eine allgemeine Idee vorhanden sein; diese Idee drückt der Dichter in einem (Natur-)Bild so aus, dass immer, wenn wir das Bild wahrnehmen, wir uns der Idee bewusst werden, ohne sie genauer benennen zu können.

Das zentrale Bildsymbol des Gedichts „Selige Sehnsucht", von dem die Interpretation ausgehen muss, ist der tödliche Flug des Falters in die Kerzenflamme. Um seinem tieferen Sinn näher zu kommen, muss der Kontext des gesamten Gedichts berücksichtigt werden. In Z. 4 der Anfangsstrophe heißt es, dass dem Todesflug des Schmetterlings ein „Sehnen" zugrunde liegt, das in Z. 11 zum „Verlangen" und in Z. 15 zur „Begierde" („des Lichts begierig") gesteigert wird. Diese Begriffe entstammen dem erotischen Bereich und dienen zur Beschreibung der menschlichen Liebesleidenschaft. Die Kerze gehört mit ihrem Leuchten zu den „Liebesnächten" (Strophe 2) und versinnbildlicht die sich selbst verzehrende Liebe. Sie ist ein Bild für die Leben spendende und erhaltende Kraft des Eros. Er brachte das lyrische Ich ins Dasein, und dieses selbst wiederum verbraucht sich, um durch die Liebe neues Leben hervorzubringen (Z. 6). Im Sinne dieses Gedankengangs versteht man, weshalb Goethe dem Gedicht ursprünglich den Titel „Selbstopfer" gab. Mit dem Zeugen und Gezeugtwerden (vgl. Z. 6) gibt das Ich immer ein Stück seiner Existenz an das allgemeine Leben ab. Die Liebe ist in diesem Zusammenhang und auf dieser Stufe durchaus als leidenschaftlicher Sinnentrieb zu verstehen. Sie gleicht dem Feuer, in dem der von Sehnsucht erfüllte Liebende wie der Falter verbrennt.

Das Symbol setzt die Liebe als Ur-Kraft des Lebendigen in eine seltsame Verbindung zum Tod. Das klingt zunächst paradox; es bekommt aber einen schlüssigen Sinn, wenn wir verstehen, was mit dem Tod hier gemeint ist. Im Bild-

Symbol des Falters

Symbol der brennenden Kerze

gleichnis der sich selbst verzehrenden Kerze (Liebe) gibt das Gedicht eine anschauliche Erklärung. Das Wachslicht verbraucht seine materielle Substanz, um Wärme und Licht zu erzeugen. In seinem Vergehen (Sterben) bringt es etwas Neues hervor und verändert sich dabei selbst. Die geradezu wie ein ‚Kommentar' angefügte Strophe 5 formuliert diesen Bildsinn mit dem Begriffspaar „Stirb und werde!" Das heißt nichts anderes, als dass sich in der Liebe – als „Flammentod" – ein solches Sterben vollzieht, in dem gleichzeitig ein neues Werden anwesend ist. Der symbolische Tod ist also nicht als Vernichtung zu verstehen, sondern als Verwandlung. Er weist hin auf eine Erneuerung des Menschen durch die freiwillige Selbstpreisgabe eines bestimmten Zustandes, um dadurch eine andere Seinsform zu erreichen. Darin liegt die Idee, der Goethe im zentralen Bildsymbol Ausdruck verleiht: In der Liebesbegegnung erfährt das Ich eine tief greifende Wesensveränderung, und die Bereitschaft dazu nennt der Dichter „Selige Sehnsucht". Sie bezeichnet den unaufhörlichen Drang des wahrhaft „Lebendgen" zur ständigen Wandlung. Und „selig" ist sie, weil der Wille und die Möglichkeit der andauernden Erneuerung das Ich mit glücklicher Heiterkeit erfüllen, im Gegensatz zu der quälenden Sorge derer, die um Erhalt und Bestand ihrer Lebensform bangen.

Der Mensch, dem die Wandlungsbereitschaft fehlt, ist für das lyrische Ich ein „trüber Gast". Goethe bedient sich hier der Licht-Symbolik, um den tief greifenden Unterschied in den Lebenshaltungen ebenfalls im Bild darzustellen. Dem starr am erreichten Zustand festhaltenden, unlebendigen Menschen wird das Dunkle zugeordnet (Z. 20). Er bleibt von den „Schatten" der „Finsternis umfangen" (Z. 9 f.). Es drängt und zieht ihn nicht zum Hellen, Leuchtenden, zum Licht wie seinen Gegenpart, und daher kennt er auch nicht die Flamme der verzehrend-verwandelnden Liebesleidenschaft. Liebe bleibt für ihn ein dumpfes Geschehen von Zeugung und Gezeugtwerden.

Diese zusätzliche und überaus wichtige Sinndeutung ergibt sich aus den Symbolen der Bewegung. Der wahrhaft von Liebe Erfüllte ist zum leichten Überfliegen aller Fernen befähigt (Strophe 4). Er ist also ganz und gar nicht an die „dunkle Erde" gefesselt. Sein Flug aber vollzieht

---

Marginalien:

Liebe: Sich selbst verzehren

Wesenswandlung durch Liebe

„Ein trüber Gast" – Licht-Symbolik

sich in sichtlicher Aufwärtsbewegung – wie ja auch die Flamme nach oben hin verbrennt. Es „reißet" ihn hinauf, heißt es in der 3. Strophe. In dieser Bewegungsrichtung verbirgt sich ein tieferer religiöser Sinn, der sich von der 2. Strophe aus erschließt. Die heiße Liebesumarmung mündet durch die Erfüllung in einen Zustand sinnlicher Beruhigung („Kühlung"). Ineins damit entsteht eine unerklärliche Sehnsucht der Seele („fremde Fühlung": Gefühl), die auf die Vereinigung mit einer nicht näher bezeichneten, geheimnisvollen Macht drängt („höhere Begattung"), in der sich das Erreichen einer höheren, reineren Seinsstufe andeutet. Durch die Sphäre der erotischen Liebe hindurch – sie hinter sich lassend – vollziehen sich die Wandlungen des Ichs. Sie sind nicht als beliebige Veränderungen zu begreifen, sondern als Steigerungen des Wesens vom Sinnlichen hin zur geistigseelischen Vollendung. „Vollendung" lautete denn auch der zweite Titel des Gedichts. Anklänge an die Idee der sittlichen Steigerung finden sich schon im Läuterungsgedanken des Gedichts „Warum gabst du uns die tiefen Blicke". Allerdings sind Verzicht auf Erfüllung und Triumph der Entsagung dort noch begleitet von trauernder Klage, während sie in „Selige Sehnsucht" durch den Gedanken der Wesenswandlung eine uneingeschränkt positive Bedeutung erhalten. Aus jeder ergreifenden Liebesbegegnung, so sieht es der rückblickende Goethe, geht der Mensch als gesteigerte, reichere Persönlichkeit hervor.

Symbole der Bewegung

Steigerung zur höchsten Vollendung

> Goethes Liebeslyrik stellt sich dar als ein uneingeschränktes, positives Bekenntnis zur Liebe in all ihren Erscheinungsformen. Seiner Vorstellung von Harmonie entsprach es, die natürlich-sinnlichen und geistig-seelischen Momente der Liebe zusammenzuführen. So begegnen wir der Vorstellung von einem universalen Begriff der Liebe, der alle Wesen des Kosmos bestimmt. Andererseits wirkt in der Liebe auch eine sittlich läuternde, von Leidenschaft befreite Kraft und ein Drang des Menschen, sich durch Liebe zur Vollendung zu steigern.

8 Tändelei und wahre Empfindung

Liebeslyrik des 18. Jahrhunderts

> Im Zeitalter der Aufklärung (18. Jahrhundert) treffen zwei literarhistorische Strömungen zusammen: das Rokoko und die Empfindsamkeit. Die Lyrik des Rokoko greift mit ihren anakreontischen Gedichten die Tradition der Liebesdichtung als heiter-spielerischer Kunstform auf (Uz). Dagegen werden wir in der empfindsamen Lyrik (Klopstock) das Eindringen neuer Gefühlsgehalte beobachten.

Johann Peter Uz

An Chloen

Ich merke, wann sich Chloe zeigt,
Daß nun mein Auge nicht mehr schweiget;
Daß Suada nach den Lippen flieget
Und glühend roth im Antlitz sieget;
5   Daß alles sich an mir verjüngt,
Wie Blumen, die der Thau durchdringt.

Ich seh auf sie mit bangem Sehnen,
Und kann den Blick nicht weggewöhnen:
Die Anmuth, die im Auge wachet
10   Und um die jungen Wangen lachet,
Zieht meinen weggewichnen Blick
Mit güldnen Banden stets zurück.

Da strömt mein Blut mit schnellen Güssen;
Ich brenn', ich zittre, sie zu küssen;
15   Die Glut verstirbt in meinen Blicken
Und Ungeduld will mich ersticken,
Indem ich immer Sehnsucht voll
Sie sehn und nicht umarmen soll.

Gesellige Liebeslyrik in der Art dieser Zeilen ist zwischen 1750 und 1800 weit verbreitet, und sie findet sich mit ihren rokokohaft verspielten Formen noch bei Lessing und dem jungen Goethe. Johann Peter Uz zählte als Autor zahlreicher amourös-heiterer Gedichte zu den beliebtesten Autoren des Jahrhunderts. Dass Texte wie der vorliegende nicht unmittelbar ‚ansprechend' oder ergreifend wirken, darf nicht verwundern. Der Grund dafür liegt nicht nur in der historischen Distanz, sondern emotionale Spontanwirkungen sind von dieser Dichtung gar nicht beabsichtigt. Sie dürften schon bei den Zeitgenossen nicht eingetreten sein. Das Interesse an dem Genre ist vorwiegend literatur- und motivgeschichtlich begründet, und die Beschäftigung mit ihm kann das Verständnis für die Verschiedenartigkeit und Vielfalt der Liebesdichtung insgesamt erweitern. — *Lyrik als gesellige Unterhaltung*

Bei der Analyse des Gedichts sorgt bereits der Titel für erste Irritationen. Die hier angesprochene Chloe erweist sich nämlich als bekannte Figur der europäischen Hirtendichtung (Bukolik) und findet sich bereits in den Liebesversen des griechischen Anakreon (um 572–488 v. Chr.). Nach seinem Vorbild hat man diese Lyrik „Anakreontik" genannt. In den deutschen Nachbildungen der anakreontischen Schäfergedichte, u.a. bei Gleim (1719–1803), Jacobi (1743–1819), Weisse (1726–1804), finden wir zahlreiche Gedichte, in denen Chloe besungen wird. Was bedeutet das für den Text von Uz? Der Dichter spricht hier – anders als Novalis' „An Julien" oder Eichendorffs „An Luise" (vgl. S. 67, 71) – nicht eine bestimmte Frau an, mit der ihn ein Liebesverhältnis verbindet. Er bezieht sich vielmehr auf eine literarische Gestalt, die in einer sehr alten Tradition steht. Beim wissenden Leser des 18. Jahrhunderts ruft die Nennung des Namens Chloe die gängigen Erwartungen der anakreontischen Liebeslyrik mit ihren überlieferten Bestandteilen (Klischees) hervor: Das lyrische Ich erscheint in der Rolle des Schäfers, das Geschehen ist eingebettet in eine künstlich arrangierte, idyllische Naturszenerie mit Bach, Teich, schattiger Wiese, baumbewachsenen Hainen (vgl. etwa „Ein Traum", DL, S. 106f., oder „Der Schäfer", Conrady, 1985, S. 170). Gerade wegen der Unvertrautheit des modernen Lesers mit dieser Tradition muss deren Bedeutung für das Textverständnis bewusst gemacht werden. — *Titelfigur Chloe* — *Anakreontische Tradition*

In seinem Gedicht „An Chloen" konzentriert Uz den poetischen Vorgang ganz auf die Empfindungen des Gedicht-Subjekts. Der Geliebten wird in den Zeilen 9 und 10 Raum gegeben, jedoch nur, um die Wirkung ihrer An- — *Ich-Perspektivik* mut auf das Ich zu schildern. Im Schlussvers lässt sich indirekt erkennen, dass sie eine abweisende Haltung gegenüber dem lyrischen Ich einnimmt, aber sonst kommt ihr keine personale Eigenbedeutung zu.

Die Kunst des Gedichts besteht vor allem darin, dass es dem Autor gelingt, die Gefühle des Liebenden so zu veranschaulichen, dass die verwendeten Bilder und Vergleiche nicht beliebig aneinander gereiht sind, sondern einen sinnvollen Zusammenhang ergeben. Nur dann nämlich, wenn die Einzelbilder über sich hinausweisen, gewinnen sie eine umfassende Bedeutung für das gesamte Gedicht.

Innerer Zusammenhang der Sprachbilder

Im vorliegenden Text entfalten die Metaphern aus dem Bereich des Sehens eine solche übergreifende Wirkung. Dreimal erscheint das Wort „Blick", zweimal das „Auge", zweimal das Verb „sehen". Gleich zu Beginn übernimmt das „Auge" eine wichtige Funktion, nämlich das Reden, zu dem das lyrische Subjekt sich anders nicht imstande fühlt. Es heißt zwar in Z. 3: „Daß Suada", also Redseligkeit, „nach den Lippen flieget", aber käme der verschüchterte Liebende wirklich zum Aussprechen seiner Empfindungen, sollte es doch „von den Lippen flieget" heißen. Gesprochen wird hier nur mit ‚optischen' Mitteln.

Metaphorik des Sehens

Vor allem in der Mittelstrophe entwickelt sich ein stummer Dialog der Blicke. Ihr Hauptthema ist der Zwang der Faszination, unter dem das lyrische Ich steht. Was seine Blicke so magisch und immer wieder neu anzieht, ist die „Anmuth" des Mädchens. Sie hält den Blick des lyrischen Subjekts gleichsam am Bande fest und zwingt ihn zu stetem Anschauen. Doch auch der Gegenblick der Geliebten tut seine Wirkung – ist es doch die Anmut in ihren Augen, die den Sprecher bezaubert. So vollzieht sich die fiktive Begegnung der Gedicht-Figuren vor allem als Spiel und Widerspiel der Augen, als zwar unschuldiges, aber überaus sinnliches Zwiegespräch.

Wortspiel „sehen" – „sehnen"

Uz bedient sich überdies eines raffinierten Wortspiels, indem er „sehen – sehnen – Sehnsucht" so geschickt verkoppelt, dass der Eindruck entsteht, „sehen" und „sehnen" seien etymologisch verwandt und sachlich zusammengehörig. In Z. 7 lautet die Verknüpfung: „Ich sah auf sie mit Sehnen", in Z. 17 f. „ich immer Sehnsucht voll / Sie sehn [...] soll". Die suggestive Wirkung, die von der Verbindung ausgeht, beruht nicht nur auf der

Klangähnlichkeit der Wörter – in ihrer Herkunft sind sie ganz verschieden –, sondern auch auf der Tatsache, dass das Anschauen Sehnsucht auslöst und umgekehrt Sehnsucht das Anschauen veranlasst. Auf diese Weise wird das Wort „Sehnsucht" mit seiner Grundbedeutung „krankhaftes Liebesverlangen" unter der Hand umgedeutet zur Sucht, die Geliebte anzusehen. Die Bedeutung des Metaphernkomplexes „sehen" für die Gesamtaussage des Gedichts reicht natürlich noch weiter, insofern die ganze Liebessituation sich im Anschauen erschöpft und weitere Erfüllungen versagt bleiben.

Ein zweiter wichtiger Bildkomplex tritt in der traditionellen Glut-Metaphorik entgegen: als verräterisches Erröten in Z. 4, im Verb „brennen" (Z. 14) und als ‚versterbende' (sich verzehrende) „Glut" der Blicke (Z. 15). Die geläufige Metapher („Feuer der Liebe") wird von Uz durchaus differenziert eingesetzt. Das Adjektiv „glühend roth" benennt eine äußerliche Erscheinung im Hinblick auf die Wangen, während das „Ich brenn'" der 14. Zeile einen übertragenen Sinn meint. Diese gewissermaßen ‚physiologischen' Symptome der Liebe werden in der Schlussstrophe weiter vermehrt: das Strömen des Blutes durch erhöhte Herztätigkeit (Z. 13), das Zittern als Muskelreaktion auf die innere Erregung (Z. 14) und die von der Ungeduld bewirkte Atemnot (Z. 16) – alles Vorgänge, die auf der Ebene des Organischen ausdrücken, was seelischen Ursprung besitzt.

Glut-Metaphorik, Metaphern des Organischen

Es ist sicher kein Zufall, dass Uz seine Sprachbilder aus dem Bereich des Körperlichen herleitet. Denn mit der Frage, wodurch die Liebessehnsucht des lyrischen Ichs eigentlich geweckt wird und worauf sie sich richtet, stoßen wir gleichfalls auf rein sinnliche Phänomene. Der äußere Liebreiz („Anmuth") der Chloe bewirkt die erotische Anziehung. Anmut – das ist Klischee in der Liebeslyrik – geht stets mit Jugendlichkeit einher, weshalb die Anfangsstrophe auch die verjüngende Wirkung der Liebe auf das lyrische Subjekt betont, und zwar als eine äußere Veränderung: es heißt „an mir verjüngt" und nicht „in mir". Wenn der jugendliche Goethe im „Maifest" (8./9. Strophe) sagt: „Die du mir Jugend [...] gibst" (vgl. S. 83), so greift er diese formelhafte Vorstellung des Rokoko auf, dass zur Liebe die Jugend gehöre. Schon für die barocke Liebesdichtung ist diese Konstellation verbindlich (vgl. Kapitel 9).

Jugendlichkeit und erotische Anziehung

LIEBESLYRIK DES 18. JAHRHUNDERTS

| | Wie die körperliche Anziehung den Ausgangspunkt der Liebe bildet und ihre Wirkungen sich vor allem im Physischen zeigen, so richtet sich auch ihr Zielpunkt auf das Körperliche. Nach dem „Küssen" und „Umarmen" steht der Sinn des Liebenden. Dass die Zuneigung über dieses körperliche Interesse hinausgeht oder seelisch motiviert ist, lässt sich im Gedicht nirgendwo erkennen. Die Liebesauffassung des Textes charakterisiert sich vorwiegend durch die sinnlichen Wunschvorstellungen des lyrischen Ichs. Ein Blick auf weitere Gedichte von Hagedorn (1708–1754), Gleim, Götz (1721–1781), Uz und Weisse (vgl. DL, S. 102–109) bestätigt diese dominierende Tendenz zur Sinnenfreude und zum bereitwilligen Genuss der sich bietenden Gelegenheiten. Wo sich das Objekt der Liebe verweigert – und das ist wie in „An Chloen" häufiger der Fall –, entsteht wohl Sehnsucht, aber kaum je als existenzerschütterndes Ereignis für das lyrische Individuum, sondern als Fortsetzung der erotischen Erregung, die ja die gesamte Schlussstrophe des vorliegenden Gedichts durchzieht.

Sinnliches Verlangen — marginal note at left

Erotik und bürgerliche Moral — marginal note at left

Die Motive der sinnlichen Liebe werden in der Rokokolyrik mit einer Freiheit behandelt, die das 19. Jahrhundert nicht kennt. Dennoch bleiben die Grenzen der bürgerlichen Moralauffassung des 18. Jahrhunderts weithin gewahrt. Entweder entzieht sich die Geliebte, wie Chloe, dem Ansinnen des Verehrers; oder die erotische Szene wird, wie die Entkleidung in Uzens „Ein Traum" (DL, S. 106f.), einerseits als fingiertes Traumgeschehen von vornherein verharmlost und andererseits durch das vorzeitige Erwachen des Träumers vor einem undezenten Ende bewahrt. So löst sich in den meisten Gedichten dieser Art die erotische Spannung durch eine scherzhafte Schlusspointe auf. Trotz aller Freude am Sinnlichen wird die für das 18. Jahrhundert gültige Norm des Sittlichen nicht gravierend verletzt.

Epikurs Lehre vom glücklichen Leben — marginal note at left

Herbert Zeman hat die rokokohafte Poesie der Deutschen als „Begleiterin eines epikureischen Lebenswandels" bezeichnet (H. Zeman, 1972, S. 183). Die Lehre des Epikur (vgl. Kapitel 9) besteht im Wesentlichen darin, dass sie den Gewinn von Glück und Lust und die Vermeidung von Unlust als Ziel des menschlichen Lebens betrachtet. Sie gibt nicht eine Empfehlung zum hemmungslos ausschweifenden Genießen, sondern rät zu maßvoller und vernünftiger Glückserfüllung. Die Lieder des römischen Dichters Horaz (65–8 v. Chr.) haben den Lyrikern des 18. Jahrhunderts die epikureischen Ideale vermittelt; sie preisen die Liebe und den Wein, Tanz, Geselligkeit und Freundschaften. Neben den Motiven der antiken Dichtung wirken aber, wie Zeman hervorhebt, „die bürgerliche Tugendmoral" und die „Freude am Schönen" in die anakreontische Liebesdichtung mit hinein.

Die Liebe, die auf diesem Nährboden gewachsen ist, steht der Leidenschaft im modernen Sinne sehr fern. Deshalb dürfen diese Gedichte keinesfalls als Ausdruck wirklich durchlebter Gefühle verstanden werden. Ihre Wesensmerkmale sind häufiger Reflexivität und Künstlichkeit als die Vermittlung psychischer Realität.

Liebe als Rollenspiel

Dafür liefert das „Chloe"-Gedicht einige Hinweise. In der Schlussstrophe stellt sich das lyrische Subjekt als Opfer seiner Emotionen dar, das seiner Erregung kaum Herr werden kann, doch wirken seine übersteigerten Äußerungen eher theatralisch. Dann folgt seine überraschende Beobachtung, dass sich die Liebesglut in seinen Blicken verzehrt (Z. 15), was doch nur ein Gegenüber festzustellen vermag. In reflexiver Doppelung richtet der Sprecher den Blick betrachtend auf sich selbst und schafft so eine Distanz zur Leidenschaftlichkeit seiner Gefühle.

Eine vergleichbare Konstellation herrscht auch in der 1. Strophe, wenn das lyrische Ich von der Verjüngung spricht, die sich an ihm – also von außen sichtbar – vollzieht. Die Formulierung setzt wiederum eine Position voraus, die der Ich-Sprecher nicht innehat. Aber die selbstbeobachtende Rolle der Figur bestimmt den Text von Beginn an: „Ich merke […] / Daß" (Z. 1 f.). Die Verwendung des Verbs „merken" (= bemerken) statt „fühlen" oder „spüren" verleiht den nachfolgenden Mitteilungen eine Bewusstheit, die der vermeintlichen gefühlsbedingten Spontaneität zuwiderläuft.

Personifikation der Gefühle

Dazu kommen die häufig verwendeten Personifikationen. So erscheint in der Schlussstrophe die „Ungedult" gleichsam wie ein handelndes Subjekt und tritt dem Ich in verselbständigter Form als Eigenmacht entgegen. Dasselbe gilt von der „Anmuth", die als personifizierte Gestalt das Geschehen in der Mittelstrophe lenkt, wobei sie die Sehnsuchtsblicke des lyrischen Subjekts wie Marionetten an einem Faden bewegt. Auch die Anfangsstrophe beschreibt emotionale Reaktionen mit Hilfe der Personifizierung von Phänomenen. Es sind die Redseligkeit („Suada") und die Röte („glühend roth") selbst, die die entsprechenden Vorgänge unabhängig von der Figur ausführen.

Die aktive Rolle des lyrischen Ichs, in der es sachlich und grammatisch als Subjekt auftritt, beschränkt sich im Wesentlichen auf das Anschauen der Chloe („sehen") und die Selbstbeobachtung („merken"). Die leidenschaftlichen Empfindungen, die sich in ihm abspielen sollen und die sich in den Gefühlsbeteuerungen äußern, stehen mit der Person nur in einer rhetorischen Verbindung. Gerade durch ihre isolierende Verselbstständigung weisen sie keinen Weg in das Innere.

Gespielte Leidenschaft

Der künstliche Spielcharakter der Liebesbegeisterung, auf den man in der Rokokolyrik allenthalben stößt, gehört zur poetischen Grundkonzeption der Gattung. Das Figurenarsenal (Amor, Bacchus, Nymphen, Hirten und Schäfer, Chloris, Chloe, Galathee u. v. a.) besitzt ‚Realität' von Haus aus nur in der Dichtung. Die erotischen Situationen sind abstrakt oder wirklichkeitsfremd arrangiert. Ebenso wenig beruhen die sich darbietenden Sinnenfreuden auf erlebbarer Wirklichkeit.

Erfinden erotischer Situationen

Die Dichtung besitzt in dieser Zeit noch überwiegend den ursprünglichen Sinn von „Erfindung", und das Erdichtete mag manchem Leser – wie vormals Platon – als das „Erlogene" vorkommen. So beurteilt jedenfalls Paul Kluckhohn die Werke insgesamt als nicht „echt" (Kluckhohn, 1966, S. 162). Da sie aber diesen Anspruch nie erhoben haben, wird man ihnen mit solchen Kategorien nicht gerecht. Es lag nicht in ihrer Absicht, wahrhaftig erlebte Liebe poetisch zu reflektieren. Es wird vielmehr „die Möglichkeit gedachter Zustände und Situationen stilisiert ins mythologisch-allegorische Bild gekehrt, rhetorisch vorgetragen" (H. Zeman in: *Deutsche Dichter des 18. Jahrhunderts*, hrsg. von Benno von Wiese, Berlin: Erich Schmidt Verlag, 1977, S. 151). Der Leser, der diese spielerische Poesie für eine Deutung der Wirklichkeit hält, muss sich getäuscht fühlen. Er geht davon aus, dass die Liebesdichtung Erlebnisdichtung sein muss. Diese Voraussetzung, die wir heute meist stillschweigend machen, trifft auf das 17. und 18. Jahrhundert nur selten zu. Darin liegt einer der Gründe, weshalb uns die Rokokolyrik so befremdet. Sie verfolgt nämlich eine Absicht, welche die heutige Literatur nicht mehr kennt: Sie will die Leser auf heiter-gesellige Weise unterhalten – auch mit Sehnsuchts- und Leidenschaftsgedichten wie „An Chloen". Kein Thema übt ja eine so große Anziehungskraft auf den Leserkreis aus wie die Liebe, zumal dann, wenn sie sinnliche Reize geschmackvoll darbietet.

Wie gering die Bedeutung natürlicher Liebesempfindungen innerhalb der Rokoko-Kunst zu veranschlagen ist, lässt sich auch an der Malerei der Zeit ablesen. Erotische Szenen zeigen Männer und Frauen in grazilen Haltungen mit kunstreichen oder pathetischen Gebärden, aber niemals in herzlicher Umarmung. Es geht dabei um Anmut, Geschmack, idyllische Stimmung und nicht um Seelentiefe oder Wahrheit der Gefühle. Das Ziel ist stets das Vergnügen des Rezipienten. Allein die Titel der Lyriksammlungen des Rokoko – *Versuch in Scherzhaften Liedern* oder *Neue Belustigungen des Gemüths* – belehren uns über diese Absicht der Autoren. Damit knüpft diese Dichtung an einen wirkungsästhetischen Grundsatz des Horaz an, der im „delectare" (sich erfreuen) eine zentrale Funktion der Kunst erblickte. Das geistreiche Amüsement, Freude und Lachen gelten dem 18. Jahrhundert als überaus wichtige Erlebniskategorien. Gerade der erotisch-sinnliche Bereich fügt sich in die spielerischen Grundtendenzen der Rokokolyrik wie von selbst ein. Nur mit ihm lässt sich ein kunstvoll artistisches Spiel treiben. Erscheinungsformen der Liebe, die sich als Verlangen nach geistig-seelischer Harmonie in tieferen Dimensionen der menschlichen Existenz äußern, bieten zum ästhetischen Vergnügen nicht den geeigneten Stoff. Sie sind dieser Lyrik gänzlich fremd geblieben. Selbst im Kontext des Sehnsuchtsmotivs, das häufig anzutreffen ist, suchen wir die Empfindungstiefe bei den Liebesdichtern des Rokoko vergeblich. Das erklärt sich daraus, dass die Sehnsucht sich lediglich auf das unverbindliche erotische Spiel mit der schönen Geliebten richtet.

Die Weiterentwicklung der heiter-tändelnden Dichtung des Rokoko hin zur empfindsamen Bekenntnislyrik verdankt ihre wichtigsten Impulse Friedrich Gottlieb Klopstock (1724–1803). Sein Mitwirken bei der Ausformung der deutschen Lyriksprache ist kaum zu überschätzen,

> Künstlichkeit erotischer Szenen in der Malerei

> Funktion der Dichtung: Vergnügen des Lesers

> Anfänge der Bekenntnislyrik bei Klopstock

wie das folgende Textbeispiel – eines seiner schönsten Gedichte – beweisen mag:

Friedrich Gottlieb Klopstock

Das Rosenband

Im Frühlingsschatten fand ich Sie;
Da band ich Sie mit Rosenbändern:
Sie fühlt' es nicht, und schlummerte.

Ich sah Sie an; mein Leben hing
5   Mit diesem Blick' an Ihrem Leben:
Ich fühlt' es wohl, und wußt' es nicht.

Doch lispelt' ich Ihr sprachlos zu,
Und rauschte mit den Rosenbändern:
Da wachte Sie vom Schlummer auf.

10   Sie sah mich an; Ihr Leben hing
Mit diesem Blick' an meinem Leben,
Und um uns ward' s Elysium.

Biografische Hinweise

Das Gedicht stammt aus dem Jahre 1753 und wurde 1775 erstmals unter dem Titel „Cidli" veröffentlicht. So nannte Klopstock seine Braut und spätere Frau Meta, und daher wissen wir, dass das Gedicht, welches 1798 als „Das Rosenband" erschien, einen realen Lebensbezug besitzt.

Texteindruck: Musikalität

Beeindruckend bei der Lektüre der Zeilen ist ihre außerordentliche Musikalität. Klangmalerei durch Vokalhäufungen, die reizvolle akustische Verbindung der ersten beiden Zeilen durch einen Kettenreim („fand ich Sie – band ich Sie"), die Pausierungen innerhalb der Zeilen 3, 4, 6 und 10 und dadurch bewirkte Tempoverzögerungen, Enjambements (Zeilen 4, 5 und 10, 11) mit einer gleitenden Beschleunigung, insgesamt das Vermeiden rhythmischer Gleichförmigkeit – das sind die wichtigsten formalen Strukturelemente. Die Balance zwischen Wiederholung und Variation (die Strophen 1 und 3 korrespondieren sehr genau mit 2 und 4) ist ein Kennzeichen von hoher sprachkünstlerischer Bewusstheit. Der Verzicht auf den Reim – eine Neuerung durch Klopstock – macht sich nirgends als Defizit bemerkbar. Obwohl

Sprachliche Geschmeidigkeit

schon die Anakreontiker der lyrischen Sprache eine Geschmeidigkeit verleihen, die sie zuvor im Barock nicht besitzt, erreicht Klopstocks Gedicht eine bis dahin unbekannte Formschönheit. Dazu gehört auch seine Kürze und infolgedessen die poetische Konzentration. „Lyrik verdichtet Zeit in den Augenblick", schreibt Peter Wapnewski (in: *Zumutungen*, München: Deutscher Taschenbuch Verlag, 1982, S. 40). In genau diesem Sinne fasst „Das Rosenband" eine Liebesgeschichte, fast möchte man sagen: eine Lebensgeschichte, mit wenigen Bildern in zwölf Zeilen zusammen.

Die äußere Szenerie des Geschehens ist typisch anakreontisch. Der Liebende findet die Geliebte schlafend im schattigen Hain – das kennt man aus vielen Liebesgedichten des Rokoko. Die Rosenbänder, die das lyrische Ich der Schönen im übertragenen Sinne als Fesseln anlegt, besitzen einen zweifachen Sinn. Einmal handelt es sich um bemalte Seidenbänder, die zu jener Zeit in Mode waren und die man der Liebsten als Haar- oder Kleidungsschmuck verehrte. (Der junge Goethe verfertigte selbst einige und schickte sie Friederike Brion nach Sesenheim. In dem Gedicht „Mit einem gemalten Band" nutzt er das Requisit auch poetisch aus; seine Schlusszeilen lauten: „Und das Band, das uns verbindet, / Sei kein schwaches Rosenband!") [Spielerisch-anakreontische Elemente]

Die Situationen der Anfangsstrophe schließen sich also ganz an die heiter tändelnde Stimmung der Rokokolyrik an. Aber die Wirkung, die der Anblick des schlafenden Mädchens auf das Ich ausübt, ist eine völlig andere. Alle sinnlichen Momente sind vermieden. Der Schauende ist in seiner ganzen Existenz ergriffen.

In der 3. Strophe verwendet der Dichter die Rosenbänder in ihrer zweiten Bedeutung. Das „rauschen" weist auf eine Blumenkette aus wirklichen Rosen hin, deren Rascheln die Schläferin aufweckt. Mit dem Erwachen begegnen sich die Blicke der beiden, jedoch nicht als kokettes Spiel wie bei Uz („An Chloen"), sondern als Seelenereignis. Es ist durchaus nahe liegend, dem Erwachen einen symbolischen Sinn hinzuzufügen, von weitem vergleichbar der „Dornröschen"-Szene. Was das lyrische Ich zuvor von seinen eigenen Empfindungen sagt („Mein Leben"), gilt nun in gleicher Weise für die Geliebte („Ihr Leben"). [Seelische Ergriffenheit]

Die Liebe erreicht damit ihren höchsten Sinn, indem sie zur wechselseitigen Daseinsbedingung der Betroffenen wird. Klopstock ist hier weit entfernt von der scherzend erotischen Liebesauffassung der Anakreontiker. Zwar [Glück wechselseitiger Liebe] leiden und schmachten in deren Gedichten die Liebenden, und sie wollen vor Sehnsucht sterben, aber weder die Autoren noch die Leser nehmen das ernst.

Die Schlusszeile stimmt das Gedicht dann auf einen heiteren Ton, insofern das gegenseitige Erkennen der Liebe höchstes Entzücken („Elysium") auslöst. Der Begriff kehrt in Schillers Ode, in der die Freude als „Tochter aus Elysium", also als Kind aus dem Lande der vollkommenen Seligkeit bezeichnet wird, wieder. „Elysium" ist auch sonst in der Rokokodichtung geläufig, doch den „Seelengrund", aus dem bei Klopstock die Freude aufsteigt, sucht man dort vergeblich. Wolfgang Kayser benutzt den Begriff „Seelengrund" zur Deutung dessen, was sich den Liebenden im gegenseitigen Anschauen wie in einem Spiegel eröffnet (vgl. W. Kayser, *Das sprachliche Kunstwerk*, Bern: Francke, 1960, S. 43).

> „Elysium"

Wie bereits erwähnt, spielt der Blick in der Liebeslyrik aller Epochen eine wichtige kommunikative Rolle. Uz formt ihn zum sinnlichen Dialog mit den Augen („An Chloen"). In Klopstocks „Das Rosenband" erlaubt er den Liebenden Einblick in die Seele des anderen und wird zum wortlosen Geständnis der Zuneigung. Eichendorffs Gedicht „Der Blick" (vgl. S. 72) knüpft hier an und begreift die Sprache der Augen als Sprache des Herzens, wobei in transzendenter Erhöhung dieser Blick auch als symbolischer Vor-Blick in das himmlische Reich zu deuten ist. Bei Goethe („Warum gabst du uns die tiefen Blicke", S. 89 f.) wird die den Liebenden vorbehaltene Fähigkeit, „einander in das Herz zu sehn", als Auszeichnung und Fluch zugleich verstanden. In Krolows „Liebesgedicht" (S. 25 f.) heißt es vom Blick der Geliebten, dass er „sanft und sicher wie der eines Vogels" ist. Dialogische Funktion im Sinne der inneren Zwiesprache erfüllt er hier nicht mehr. Die Entfaltung des Blick-Motivs besitzt, wie die gesamte Lyrik, eine eigene aufschlussreiche Geschichte.

> Kommunikative Funktion des Blicks

Das andere Zentralmotiv des Gedichts neben dem Anschauen, das Rosenband, weist als Dingsymbol auch in den semantischen Bereich des Fesselns und Bindens. Die Liebe zu einem Du drängt wie selbstverständlich, wenn sie nicht bloßes Spiel sein soll, auf Bindung. Die Liebeslyrik des Rokoko thematisiert diesen Aspekt kaum; er passt sich in die unernste Liebesauffassung nicht ein.

> Rosenband-Symbol

Klopstock wählt mit dem Bild der Blumenkette aus Rosen als Fessel ein sehr feinsinniges Gleichnis. Die Rose gilt als ‚klassische' Symbolblume der Liebe. Was die Geliebte also bindet, ist keine ihr fremd entgegentretende Gewalt, sondern, in der metaphorischen Formulierung des Gedichts, die Liebe selbst.

Abgesehen von einzelnen Bestandteilen im Arrangement, bleibt von der Liebesauffassung der rokokohaften Lyrik bei Klopstock nicht mehr viel übrig. Das Muster der tradierten Dichtungsweise mit ihren konventionellen Motiven wird vom individuellen Ton der Empfindungen überstimmt. Das hat seine Ursachen nicht zuletzt darin, dass die persönliche Liebeserfahrung in das Gedicht hineinwirkt.

Überdies findet sich in Klopstocks Lyrik erstmals eine enge Verknüpfung der menschlichen mit der religiösen Liebe. Das ist einer der Gründe für die hohe Wertschätzung, die der Dichter bei den Romantikern erfahren hat. In seiner Ode „An Gott" formuliert er den Zusammenhang zwischen beiden Seinsformen der Liebe in hymnischem Pathos:

Einheit menschlicher und göttlicher Liebe

Friedrich Gottlieb Klopstock

An Gott

> Von ihr geliebet, will ich dir feuriger
> Entgegenjauchzen, will ich mein voller Herz
> In heißern Hallelujaliedern,
> Ewiger Vater, vor dir ergießen!
> Dann, wenn sie mit mir deinen erhabnen Ruhm
> Gen Himmel weinet, betend, mit schwimmendem,
> Entzücktem Auge, will ich mit ihr
> Hier schon das höhere Leben fühlen!

Das lyrische Ich erbittet von Gott als Gnadengeschenk die Liebe seiner Geliebten. Als Dank werde sich dann auch seine Gottesliebe unermesslich steigern. Diesem Gedanken schließt sich die gemeinsame Hinwendung der Liebenden zu Gott an. Dessen liebevolle Güte wird ahnungsweise im irdischen Dasein erfahrbar („Hier schon das höhere Leben fühlen!"). Verbindungen zu Novalis und seinem Gedicht „An Julien" (S. 67) sind deutlich erkennbar. Allerdings mischt sich in Klopstocks Ly-

Empfindsame Rührung

rik ein Ton von tränenseliger Rührung, der auf Einflüsse der englischen Empfindsamkeit zurückgeht. Für Klopstock gehören diese rührenden Stimmungen – ganz im Gegensatz zum Rokoko – schon deshalb in die Dichtung hinein, weil er mit ihr eine ganz andere Wirkungsabsicht verfolgt. Er will mit seinen Gedichten nicht mehr unterhalten und erfreuen, er will vielmehr die Seele des Lesers in *rührende Bewegung* versetzen („movere" statt „delectare"). Dies setzt voraus, dass auch die Figuren innerhalb des Gedichts von Rührung ergriffen sind. Daher scheint es, dass die Darstellung der Liebe in Klopstocks Werken leicht sentimentalische Züge annimmt.

> Die Liebesdichtung des Rokoko gestaltet mit Hilfe übernommener Klischees, reizvoller Metaphernkombinationen und witziger Sprachpointen aus künstlich arrangierten erotischen Situationen eine Literatur, die nicht Erlebniswirklichkeit schildern, sondern dem ästhetischen Vergnügen des Lesers dienen will. Die Liebe erweist sich als ein unverbindliches Spiel. Klopstocks Lyrik fügt der Liebesdichtung des 18. Jahrhunderts neben ihrer sprachlichen Verfeinerung neue Momente hinzu: das Aussprechen subjektiver Empfindungen, den existenziellen Ernst der Liebeserfahrung und ihre Verknüpfung mit religiösem Erleben.

9 Zwischen Sinnlichkeit und Moral

Die poetischen Konventionen der Barockdichtung

> Die Entstehung der barocken Liebeslyrik erfolgt im Zusammenhang mit den Anstrengungen, eine bis dahin nicht vorhandene deutsche Lyriksprache erst einmal zu erschaffen (Martin Opitz). Ihre Grundtendenz besteht in der Entwicklung sprachlicher Kunstfertigkeit, die bis zur Virtuosität getrieben wird. Das Lebensgefühl der Zeit, wesentlich geprägt von den Wirren des Dreißigjährigen Krieges (1618–1648) und seinen sozialpsychologischen Folgen, wirkt sich auf die Themen und Motive der Barockliteratur aus (Gryphius). Es beeinflusst auch ihren Liebesbegriff, der am folgenden Beispiel von Philipp von Zesen (1619–1689) erläutert werden soll. Die Orthographie und Zeichensetzung des Gedichts sind behutsam modernisiert.

Philipp von Zesen

Das sechste Lied

Halt! du schöner Morgenstern,
Bleibe fern,
Und du güldne Nachtlaterne,
Halt der weißen Pferde Lauf
5 Itzund auf;
Steht ein wenig still Ihr Sterne.

Gönne mir die süße Ruh,
Sonne du,
Laß uns doch der Liebe pflegen,
10 Laß den kühlen Reif und Tau
Auf der Au
Noch ein wenig unsert wegen!

Ist doch meine Liebste mir
Sonn' und Zier,
15 Die mich itzund in den Armen
In den zarten Armen weiß
Die mein Preis
Und mich also lässt erwarmen.

>   Und du wunderschönes Licht,
> 20 Die ich nicht
>   Nach der Gnüge kann beschreiben
>   Laß der hellen Augen Schein
>   Bei mir sein,
>   Bis der Tag die Nacht wird treiben.
>
> 25 Wie hat mich dein roter Mund
>   Doch verwundt?
>   Das zweifache Schild mich zwinget,
>   Das vor deinem Herzen steht
>   Wie ein Beet
> 30 Da der Lilien Pracht aufspringet.
>
>   Ach! entschlage dich ja nicht,
>   Schönes Licht,
>   Dieser Lust in deiner Jugend,
>   Brauche deiner Lieblichkeit
> 35 Und der Zeit,
>   Schadt es doch nicht deiner Tugend.
>
>   Laß uns immer freudig sein;
>   Nacht und Wein
>   Reizen uns itzund zum Lieben;
> 40 Dann wann Liebe, Nacht und Wein
>   bei uns sein,
>   Kann uns Langmut nicht betrüben.

Worterläuterungen

Z. 6 **itzund**: jetzt
Z. 10 **der Liebe pflegen**: sich der Liebe hingeben
Z. 18 **mein Preis**: der Gegenstand meines Preisens
Z. 22 **nach der Gnüge**: ausreichend
Z. 31 **sich entschlagen**: (auf etwas) verzichten
Z. 43 **Langmut**: trübe Stimmung, Schwermut

Virtuosität der Sprache

Zesens „Lied" entstammt einer Entwicklungsphase des Barock, in der die sprachkünstlerische Entfaltung der lyrischen Möglichkeiten bereits ein hohes Niveau erreicht hat. Der spielerische Umgang mit Versform, Rhythmus, Klang und Reim zeugt von einer virtuosen Meisterschaft, die angesichts der Unbeholfenheit vieler barocker Texte nicht selbstverständlich ist. Neben Zesen sind Harsdörffer (1607–1658), Klaj (1616–1656), Hoffmannswaldau (1617–1679) und Lohenstein (1635–1683) als Vertreter der ‚artistischen' Liebeslyrik zu nennen. Ihnen stehen Gryphius (1616–1664) als schwerblütigernster, religiös orientierter Dichter mit eindringlicher Sprachkraft und Fleming (1609–1640) als eigenwillige Persönlichkeit mit schlichteren, erlebnisbetonten Zeilen gegenüber. Doch wird sich zeigen, dass den meisten Autoren bestimmte Grundtendenzen in der Motivgestaltung und der Liebesauffassung gemeinsam sind.

Das Gedicht von Zesen knüpft an eine Tradition der mittelalterlichen Minnelyrik an, das Tagelied (vgl. Kapitel 10). Thematisch und strukturell wird die Form von der Trennung der Liebenden durch den Einbruch des Tageslichts bestimmt. Heinrich von Morungen und Walther von der Vogelweide haben berühmte Tagelieder verfasst. Der Thematik entsprechend beginnt Zesens „Lied" mit beschwörenden Appellen an das Firmament, welches zunächst Adressat der Du-Anrede ist. Das lyrische Ich möchte das Untergehen der Nachtgestirne und den unerwünschten Anbruch des Tages aufhalten oder wenigstens hinauszögern. Der Mond als traditioneller Gefährte der Liebenden („güldne Nachtlaterne") soll das Herannahen der Sonne verhindern: Das Bild der „weißen Pferde" spielt an auf die mythische Vorstellung vom Sonnenwagen, den Pferde über den Himmel ziehen. Alle Sterne werden im Anruf zum Verweilen aufgefordert. Zesen verbildlicht das abstrakte Voranschreiten der Zeit, das vom lyrischen Ich als höchst konkretes Ärgernis erlebt wird, durch kosmologische Vorgänge, die der Zeitmessung zugrunde liegen. So schafft er einen poetischen Vorstellungsraum, mit dessen Hilfe sich das rührend naive Verlangen des Menschen, die Zeit zum Stillstand zu bringen, zugleich mit seiner kläglichen Ohnmacht zur Anschauung bringen lässt.

Die 2. Strophe besteht wie die vorangehende aus drei Aufforderungssätzen. Der Appell des lyrischen Subjekts richtet sich jetzt an die Sonne, und erst in Z. 9 gibt der Sprecher eine Erklärung für seine Wünsche: Er möchte das Beisammensein mit der Geliebten möglichst lange auskosten. Erneut kleidet Zesen den Zeitverlauf in ein umschreibendes Naturbild. Solange „Reif und Tau" auf den Wiesen liegen, ist dem Liebespaar noch eine Frist gegönnt. Ihre Dauer unterliegt – wie aus den Bildvergleichen der 1. Strophe bereits hervorgeht – ganz den Gesetzen der Natur, über die der Mensch keine Macht hat. Neben ihrer zeitmetaphorischen Funktion greift der

Tradition des Tagelieds

Fliehende Zeit

Wunsch nach Dauer

Sonnen-Metaphorik

Dichter eine weitere sinnbildhafte Bedeutung der Sonne auf; er bezeichnet die geliebte Frau als seine „Sonn' und Zier". Dieser Vergleich der Liebsten mit dem Himmelslicht besitzt eine lange Tradition im poetischen Schönheitslob – bis hin zu Goethes Gedicht „Gegenwart" (*Werke*, Bd. 1, München: C. H. Beck, 1974, S. 254) als eines ausdrucksstarken Beispiels. Zesen nutzt die Metapher bis in ihre Nebenaspekte aus, indem er das lyrische Subjekt in der Umarmung der Geliebten sich wie von der Sonne erwärmen lässt. In den Wendungen „wunderschönes Licht" und „heller Augen Schein" der 4. Strophe und der Anrede „Schönes Licht" in der 6. Strophe setzt Zesen die Sonnenmetaphorik fort, die in der Schlusszeile von Strophe 4 noch einmal kunstreich mit der Zeit-Thematik („Bis der Tag die Nacht wird treiben") verknüpft wird.

Lobpreis der weiblichen Schönheit

Der anrufende Preis bildet den Inhalt der 3. und 4. Strophe, wobei die Frau nun zur unmittelbaren Adressatin der Rede wird. Das lyrische Ich bedient sich neben anderem eines sogenannten Unsagbarkeitstopos, eines formelhaften Allgemeinplatzes für die Unfähigkeit des Dichters, die weibliche Schönheit hinreichend zu beschreiben („nach der Gnüge"). Natürlich handelt es sich um ein rhetorisches Scheinargument, mit dem der Sprecher die außergewöhnlichen Reize seiner Liebsten hervorheben will. Meist huldigen die Barockdichter den körperlichen Vorzügen der schönen Frauen mit aufwendigen Beschreibungen. Dass auch Zesen dazu imstande ist, beweist sein Gedicht „Salomons Geistliche Wollust" (DL, S. 82 ff.). Im „Lied" beschränkt er sich auf ein Minimum und erwähnt außer den weißen Armen nur noch zwei Einzelheiten aus einem üblicherweise viel längeren Katalog: den „roten Mund" und das „zweifache Schild" vor dem Herzen. Hierbei handelt es sich um

Bildhafte Umschreibungen (Periphrase)

eine barocke Umschreibung (Periphrase) der weiblichen Brüste, die dem modernen Leser recht befremdlich erscheint. Solche gesuchten bildhaften Umschreibungen gehören zu den wichtigsten rhetorischen Gestaltungsmitteln, mit denen der Barockdichter seine poetische Phantasie bzw. die Kenntnis des tradierten Formelschatzes unter Beweis stellt. Hoffmannswaldau liefert in seinem Gedicht „Lobrede an das liebwerteste Frauenzimmer" (Conrady, 1985, S. 134 f.) rund 80 Periphrasen von der Schönheit des weiblichen Busens, darunter auch die für das Zesen-Gedicht interessanten Benennungen „ein weißer Schild" und ein „reiner Thron, auf dem der Lilien Silber glänzet", wobei der „Lilien Silber" wiederum eine Periphrase für die weiße Hautfarbe und die geschwungenen Formen darstellt. Auch die Bezeichnung der Brüste als ein „Beet", auf dem die Brustwarzen wie Lilien aufblühen, zeugt von der Bildphantasie der Barockpoeten. Bei der Interpretation solcher Bildvergleiche sollte man nicht nach hintergründigem Tiefsinn suchen. Meist greifen die Barockdichter nur aufgrund äußerer Ähnlichkeit nach solchen Vergleichsstücken, die einen inneren symbolischen Zusammenhang, wie er etwa in der Sonnenmetaphorik vorliegt, nicht herstellen. Es handelt sich um Sprachbilder, die vornehmlich dem Schmuck der Rede dienen und ihre manchmal skurrilen Reize in sich selber haben. In der 5. Strophe verbindet Zesen den Preis der Schönheit unmittelbar mit ihrer Wirkung auf das lyrische Ich. Er bedient sich dazu der allgemein beliebten Kampfmetaphorik, die schon im Brust-Schild-Vergleich anklingt: Der Liebende ist „verwundet" bzw. „bezwungen". Für die Beschreibung von Gefühlen steht ein konventioneller Formelschatz zur Verfügung, aus dem sich jeder bedienen kann. Meist entstammen die Metaphern für die Liebesempfindungen den semantischen Feldern des Krieges, der Krankheit, des Verstandesverlusts o. Ä. Der persönliche, individuell geschöpfte Ausdruck ist im Barock höchst selten.

Kampf-Metaphorik der Liebe

Der Schönheitspreis der Geliebten und die emphatischen Ausrufe der Betroffenheit erreichen mit der 6. Strophe ihren eigentlichen Zielpunkt. Appellativ formulierte Ratschläge und beschwichtigende Überredung bestimmen jetzt den Gestus der Rede. Die Empfehlung des lyrischen Ichs lautet: Versäume in deiner Jugend nicht den Genuss der Liebe, sondern nutze die Schönheit und den Augenblick zur Lust! Dass der Rat in erster Linie die Aufforderung an die Schöne enthält, dem Liebenden zu Willen zu sein, versteht sich von selbst. Implizit bedient sich das Gedicht in der 6. Strophe bei seinem Appell zum Liebesgenuss eines Arguments, das in der Barocklyrik häufiger anzutreffen ist. Es wird dem Menschen geraten, die rechte Zeit, die „Jugend", zur Liebe zu nutzen, denn nur dann verfügen vor allem die Frauen über die äußeren Vorzüge („Lieblichkeit"), welche sie liebens- und begeh-

Aufforderung zum Liebesgenuss

renswert machen. Für diese Denkfigur verwendet das Barock die von Horaz (in anderem Zusammenhang verwendete) überlieferte lateinische Formel „Carpe diem!" (Nutze den Tag! Ergreife die Gelegenheit!) Martin Opitz (1597–1639) hat das in einem berühmten Gedicht noch deutlicher als Zesen formuliert:

Martin Opitz

Ach Liebste, laß uns eilen

> Ach Liebste, laß uns eilen,
> Wir haben Zeit:
> Es schadet das Verweilen
> Uns beiderseit.
> […]
> Drum laß uns jetzt genießen
> Der Jugend Frucht.

Die Formulierung „Wir haben Zeit" bedeutet im 17. Jahrhundert: „Es ist an der Zeit". Das Versäumen der günstigen Gelegenheit, „das Verweilen", wäre schädlich, weil die Gaben der Schönheit vergehen, unser Körper altert und bald alles dahin sein wird.

Wie eine Paraphrase zu den Opitz-Versen klingt das „Mai-Liedchen" von Simon Dach (1605–1659):

Simon Dach

> Komm, Dorinde, laß uns eilen,
> Nimm der Zeiten Güt in acht,
> Angesehen, das Verweilen
> Selten großen Nutz gebracht.
> […]
> Wir sind in den Frühlings Jahren,
> Laß uns die Gelegenheit
> Vorn ergreifen bei den Haaren.

Selbst bei einem weniger epikureischen Dichter wie Christian Günther (1695–1723) rät ein spätbarockes Gedicht der schönen Phillis:

Christian Günther

> Drum lieb und lebe, weil man kann,
> Wer weiß, wie bald wir wandern müssen!
> (Conrady, 1985, S. 155)

Gegensatz von Sinnenlust und Moral

Den zu erwartenden moralischen Einwand des Mädchens (und des Lesers?) beseitigt der Sprecher nicht nur in Zesens Gedicht meist mit der nicht weiter begründeten Behauptung, dass die Liebeslust der Tugendhaftigkeit keinen Schaden zufügen werde. Den damaligen sittlichen und religiös bestimmten Vorstellungen entspricht das keineswegs; es handelt sich aber nicht um eine individuelle Meinungsäußerung, sondern wiederum um einen literarischen Topos, ein festes Denk- und Bildschema, das als beliebiges Versatzstück von jedermann verwendet werden kann. Das Bewusstsein, das sich in diesen stereotypen Formulierungen äußert, kennzeichnet sich als Bedrohung des Menschen durch die Zeit. Wie in den Anfangsstrophen des Zesen-Gedichts das lyrische Ich sich vom Herannahen des Tages bedrängt fühlt, so steht die Liebe ganz unter der Herrschaft der fliehenden Zeit. Die Sorge, das Glück zu versäumen, treibt die Figuren zu hektischem Genuss. Der Liebe, die als innerer Wachstumsprozess begriffen wird, ist die immer wieder beschworene Eile wesensfremd. Sie hat nur dann einen Sinn, wenn man sie als ein „angenehmes Spiel" oder als ein „Essen" betrachtet (Hoffmannswaldau), von dem man im Wettlauf mit der Zeit möglichst viel abbekommen möchte. Diese Auffassung wirkt auch in Zesens „Lied" hinein.

Die Liebesauffassung des 17. Jahrhunderts wird von einem Dualismus zwischen sinnlich-körperlicher und geistig-seelischer Liebe geprägt. Alle sinnliche Liebe gilt, auch innerhalb der Ehe, als „viehische Brunst" und als sündhaft verwerfliche Hurerei. Gryphius charakterisiert sie einmal als „Seelengift" und „höllenheiße Glut". Das Gebot wahrer Sittlichkeit verlangt von den Liebenden wie von den Eheleuten Keuschheit, also weitgehende sexuelle Enthaltsamkeit (vgl. Kluckhohn, 1966, S. 119–121). Zesens erotische Lyrik ist jedoch, wie die der meisten Barockdichter, von solchem Moralismus weit entfernt. Dass sich das lyrische Ich des Gedichts verpflichtet fühlt, den Tugendvorbehalt ausdrücklich zu erwähnen, spiegelt allerdings die Situation, in der jede Erfüllung erotischer Wünsche eine sittliche Verfehlung darstellt.

In der 7. Strophe wechselt der Dichter von der Du-Anrede zum Wir und erweckt damit den Anschein, dass das lyrische Ich und die geliebte Frau zu einer gemeinsamen Haltung finden. Doch diese Übereinstimmung wird vom Sprecher lediglich rhetorisch suggeriert; von der Auffassung der Geliebten, die selbst nicht zu Wort kommt, erfährt der Leser nichts. Der dringliche Überredungscharakter der 6. Strophe („entschlage dich ja

Kommunikative Situation

nicht") lässt eher auf Widerstand schließen. Andererseits fügt sich der Appell „Laß uns immer freudig sein!" so überzeugend in die allgemeine Tendenz der barocken Liebeslyrik ein, dass wir den Konsens zwischen beiden insgeheim voraussetzen.

Sinnenfreude

In kunstvoller Umkehrung der Reihenfolge benennt der Dichter zweimal die Ingredienzien der Freude: „Liebe, Nacht und Wein". Noch einmal klingt mit dem Hinweis auf die Nacht flüchtig das Tagelied-Thema an. Der Wein als stimulierender Begleiter des Eros spielt schon in der antiken Schäferdichtung eine wichtige Rolle und dringt von dort in die Liebeslyrik des Barock und Rokoko ein.

Die drei Schlusszeilen des Gedichts verkünden im Stil einer allgemeinen Sentenz eine Lehre, die auch der Leser sich zu Herzen nehmen soll: Solange die Liebe uns wohlgesonnen ist, werden trübe Stimmungen („Langmut") keine Macht über uns haben. ‚Liebe' meint im Kontext von „Nacht und Wein" und dem synonym verwendeten „Lust" (Z. 33) natürlich die körperlich-sinnliche Liebe. Auf die schwermütigen Gedanken und ihre Ursachen geht Zesens Gedicht nicht ein. Aus den oben zitierten Beispielen sind sie jedoch leicht zu erschließen. Es sind die Vorahnungen der Vergänglichkeit, welche die Barockdichtungen wie ein Generalthema durchziehen. Die Standardformel dafür lautet: „Memento mori!" Denke stets daran, dass alles dem Tode geweiht ist! Andreas Gryphius hat aus dieser Grundhaltung der Epoche die eindrucksvollsten Dichtungen geschaffen. „Vanitas! Vanitatum Vanitas!" lautet die Überschrift eines Gedichts über die Eitelkeit (= Nichtigkeit) der Welt, in dem er die Freuden, die Zesen als Heilmittel anpreist, resignierend entlarvt:

Vergänglichkeit des Menschen: Melancholie

> Ist eine Lust, ein Scherzen,
> Das nicht ein heimlich Schmerzen
> Mit Herzensangst vergällt?
> (Conrady, 1985, S. 108)

Die Antwort auf diese rhetorische Frage kann für den Barockdichter nur lauten, dass es tatsächlich kein Glück gibt, in dem nicht das Gift des Todesbewusstseins seine zerstörerische Wirkung ausübt.

Liebe als kompensatorische Gegenmacht

Die erotische Lyrik des 17. Jahrhunderts setzt die Liebe als kompensatorische Gegenmacht gegen die Vergänglichkeitsphilosophie ein – wie eine Medizin gegen die

Melancholie. Das Bedürfnis nach „Scherz und Lust" ist verräterisch groß. Wulf Segebrecht hat in einer Interpretation des Opitz-Gedichts „Ach Liebste, laß uns eilen" die inneren Zusammenhänge sehr schön dargelegt: „Das Carpe diem und das Memento mori gehören aufs engste zusammen und rechtfertigen sich gegenseitig. Das Liebeslied wird zur Todesmahnung, das Vanitas-Gedicht begründet die Bereitschaft zum Genuss des Lebens." (*Gedichte und Interpretationen*, Bd. 1, Stuttgart: Reclam, 1982, S. 142)

Der Barockdichter rückt also die Liebe in einen Funktionszusammenhang, in dem sie sich nicht von ihrem Eigenwert her bestimmt. Vielmehr dient sie dazu, wie die letzte Strophe von Zesens „Lied" andeutet, die Lebenstrauer durch Sinnenfreuden zu überspielen. Ebenso ist der rhetorische Schönheitspreis der Geliebten zweckhaft funktionalisiert: Er soll die Bereitschaft der Frau zur Liebe wecken und deren ‚existenzielle' Dringlichkeit begründen. Die Drohung mit dem Versäumten reiht sich verstärkend in die Argumentationskette ein. So stellt sich das barocke Liebesgedicht nicht als ein ‚Dokument' der Leidenschaften, sondern als ein sehr rationales, ‚strategisches' Kunstwerk dar. Rhetorische Strategie

Die Liebe kann bei einer solchen Auffassung nur als erotisch-sexuelles Phänomen auftreten. Dementsprechend finden sich im Barock zahllose Gedichte mit einer sexuellen Offenheit, gegen die Zesens „Lied" höchst dezent wirkt. Hoffmannswaldau wird meist als Hauptvertreter dieser erotischen Richtung genannt. In dem Gedicht „Wollust" formuliert er gleichsam progammatisch, wenn auch mit ironischer Übertreibung: Freizügigkeit in der Barocklyrik

> Die Wollust bleibet doch der Menschen höchstes Gut.

Und:

> Wer Epikuren nicht für seinen Lehrer hält,
> Der hat den Weltgeschmack und allen Witz*
> verloren.
> (Conrady, 1985, S. 133)

(* Verstand)

Die Philosophie des Epikur (341–270 v. Chr.) wird im 17./18. Jahrhundert verkürzt als Lehre vom uneingeschränkten Lebensgenuss ausgelegt. Dem dienen vor allem die Liebe und der Wein, wobei die Liebe in Hoffmannswaldaus Texten vorrangig eine Angelegenheit für Leib und Glieder ist. Man hat dem Autor Frivolität und „zynische Brunstethik" vorgeworfen. Aber in solchen Urteilen äußert sich ein Moralismus, der dem Fiktionscharakter der Lyrik nicht gerecht wird. Wie für die Rokoko-Dichtung gilt auch im Barock, dass die Liebesdichtung vor allem ein gesellig-unterhaltendes Genre darstellt, ohne realistischen Wahrheits- oder Bekenntnischarakter.

Vergleich mit Rokokolyrik

Allerdings fehlt der barocken Lyrik der spielerische Charme des Rokoko. Sie ist in ihren sexualisierten Versionen meist plump und ungalant. Wer sich das Vergnügen bereitet, ein Gedicht wie Hoffmannswaldaus „Albanie / gebrauche deiner Zeit" (DL, S. 78) mit „Ein Traum" von Johann Peter Uz (DL, S. 106) zu vergleichen, der bemerkt die Unterschiede in Haltung und Atmosphäre. Der Anakreontiker Uz löst die erotischen Spannungen in heiterem Scherz rechtzeitig auf, während das Barockgedicht auf der Durchführung der sexuellen Thematik in trivialen Metaphern besteht („Liebesäcker pflügen", „Venusau" usw.). Beide Autoren wären von Rückschlüssen auf die eigene Erlebniswirklichkeit aber sehr befremdet gewesen.

Das Barock steht vor dem Problem, das die Liebesdichtung seit der Minnelyrik (vgl. Kapitel 10) über Jahrhunderte bewegt hat: der unversöhnte Gegensatz zwischen Sinnlichkeit und Sittlichkeit, zwischen irdischer und himmlischer Liebe. Die Barocklyrik bejaht im Gegensatz zur Romantik die Glücksmöglichkeiten des Eros, aber sie isoliert sie von den Formen ‚höherer' Liebe zwischen den Menschen und übersteigert so ihre Bedeutung.

Sinnlichkeit und Moralität

Neben dieser betont erotischen Lyrik finden sich auch barocke Texte, in denen eine mehr gefühlsmäßige Zuneigung mitwirkt. Die späte Lyrik Paul Flemings bildet eine solche Ausnahmeerscheinung. Verinnerlichte Werbungsthematik („Anemone", DL, S. 72) und Treue-Motive („Elsgens treues Herz", DL, S. 62) stehen im Mittelpunkt einer schlicht formulierten Poesie. Allerdings wächst auch Flemings Lyrik nicht primär aus dem Nährboden eigener Erlebnisse hervor. Sie zehrt überwiegend von der literarischen Tradition des Petrarkismus (vgl. Kapi-

Paul Fleming

Petrarkismus

tel 5), einer literarischen Strömung innerhalb der Liebesdichtung mit einer schematischen Rollenverteilung der Partner: Der Liebende tritt werbend und klagend, die Geliebte abweisend und grausam auf. Eine Erfüllung der Liebessehnsucht sieht dieses Rollenspiel nicht vor, so dass es in schroffem Gegensatz zu den Genusskonzeptionen der erotischen Barockdichtung steht. Eine ambivalente Stimmung aus Glück und Schmerz zugleich prägt die Stimmung der Texte (vgl. etwa „An Dulcamaren", DL, S. 74).

Ähnlich wie im Formschema der höfischen Minnelyrik hat das Sinnliche in der petrarkistischen Lyrik eigentlich keinen Platz. Doch lagern sich in der Liebeslyrik des 17./18. Jahrhunderts erotische Motive in das Dichtungssystem ein. Und ähnlich wie die Minnelyrik ist sie nicht Ausdruck erlebter Empfindungen, sondern ein durch und durch konventionalisiertes, gesellschaftliches Geschehen. Sie verfügt über ein konventionelles Formelrepertoire, das unabhängig von den Empfindungen und den Adressaten eingesetzt werden kann. Fleming selbst liefert ein aufschlussreiches Beispiel für die konventionelle Beziehung zwischen Wirklichkeit und Poesie im Barock. In zwei Gedichten „von eigener Prägung und spürbarer Empfindungswärme" (H. Pyritz) an zwei verschiedene Frauen finden sich bei erheblicher Differenz der Entstehungszeit dieselben Treueversicherungen – bis in den Wortlaut identisch. Die Zeilen sind im Hinblick auf ihre Empfängerinnen nicht zu unterscheiden und beliebig austauschbar. Hans Pyritz folgert daraus, dass das persönliche Liebeserlebnis, welches den Gedichten gewiss vorausgeht, sich „in dichterischen Bekundungsformen" äußert, die aus einer „festen Typenbildung" stammen und nicht aus individueller Sprachschöpfung (H. Pyritz, „Paul Fleming und der Petrarkismus", in: *Deutsche Barockforschung*, Köln: Kiepenheuer & Witsch, 1970, S. 348).

Konventionelles Schema

Im Ganzen sind die sprachlichen Kategorien zur Darstellung von Gefühlen in der Barocklyrik – selbst bei Fleming – noch wenig entwickelt. Erst schrittweise über Christian Günther (1695–1723) und Klopstock (vgl. Kapitel 9) hin zu Goethe (vgl. Kapitel 8) bildet sich eine differenzierte Empfindungssprache heraus, mit der die Skala der Emotionen beschrieben werden kann. Dem

Ausdrucksarmut der Gefühlssprache

barocken Liebesgedicht liegt das aufgrund anderer Darstellungsabsichten fern. Es dient überwiegend der geselligen Unterhaltung, der feierlichen Überhöhung des Alltags oder, im Wettstreit mit den Zunftgenossen der Sprach- und Dichtergesellschaften, dem eigenen Ruhm.

> Die Liebeslyrik des Barock folgt dem Formideal der kunstvoll angeordneten, überreichen Bilderfülle und der rhetorisch kalkulierten Wirkungen der Sprache. Sie dient nicht dem poetischen Bekenntnis wirklich erlebter Liebe. Der Schwerpunkt ihrer Liebesauffassung liegt – angesichts der Vergänglichkeit des Menschen – im erotischen Genussstreben, wodurch sich ungelöste Widersprüche zu den religiösen und moralischen Forderungen der Zeit einstellen. Im Spätbarock (Fleming) zeigen sich erste Ansätze einer persönlicheren Liebesdichtung.

10 Die höfische Verehrung der Frau

Mittelalterliche Minnelyrik

> Die Minnedichtung des Mittelalters war eine höfisch-gesellige Kunstform, in der nicht persönliche Gefühle der Dichter, sondern die Ideale eines gültigen Liebesbegriffs artikuliert wurden. Mit großer Spannweite reicht dieser Begriff von der ‚hohen Minne' bis hin zur schlichten Haltung der ‚niederen Minne'. Ihre unterschiedlichen Entwicklungsstufen lassen sich vor allem an den Liedern Walthers von der Vogelweide beispielhaft erschließen.

Die deutschsprachige Lyrik setzt zwischen 1170 und 1250 mit einem epochalen Höhepunkt ein: der höfischen Minnedichtung, einer mit Gesang vorgetragenen strophischen Liebeslyrik. Sie erweist sich als eine hochdifferenzierte, psychologische Sprachkunst mit ungeheurer Formenvielfalt und von großer ästhetischer Ranghöhe. Jahrhunderte zuvor und mehrere Jahrhunderte danach findet sich in unserem Sprachraum nichts Vergleichbares. Und sie ist die erste Ich-Dichtung in deutscher Sprache, die nichtreligiöse, höchst persönliche Anliegen des Individuums thematisiert, nämlich die Liebe zwischen Mann und Frau.

Solche ‚Anfänge' reizen die historische Neugier in besonderem Maße, zumal sie sich in einer kulturgeschichtlichen Phase des Mittelalters zutragen, von der eine große Faszination ausgeht. Hinzu kommt, dass wir unsere heutigen Denk- und Erlebnisweisen und ihre dichterischen Gestaltungen nur im Spiegel des geschichtlich Anderen als die wirklich unsrigen verstehen können. Deshalb ist eine Beschäftigung mit dieser frühen Form der Liebeslyrik zugleich eine kritische Revision unserer eigenen Standorte. Allerdings stellt sie uns vor erhebliche Schwierigkeiten. Das beginnt mit der fremden Sprachstufe des Mittelhochdeutschen, dessen Kenntnis im Grunde erforderlich wäre. Wie anders soll man sonst formale und sprachliche Phänomene (Rhythmus,

Literarhistorische Einordnung

Mittelhochdeutsche Sprache

Reimkunst, Wortspiele, Ironie usw.) richtig beurteilen? Übersetzungen von Gedichten verändern deren Kunstcharakter so gründlich, dass von der Originalgestalt nicht viel übrig bleibt. Indem wir uns – zwangsläufig – an die ins Neuhochdeutsche übertragenen Textbeispiele halten, muss die formalästhetische Betrachtung in den Hintergrund treten. Wir beschränken uns darauf, die Liebesauffassung der mittelalterlichen Lyrik kennenzulernen.

Als bedeutendster Autor der höfischen Liebeslyrik gilt Walther von der Vogelweide (vermutlich 1170–1230). In seinem Werk treten die unterschiedlichen Erscheinungsformen des Minnebegriffs am deutlichsten zutage. In dem zweistrophigen Bittlied („Aller werdekeit ein füegerinne") wendet sich das Gedicht-Ich, das keinesfalls mit dem Dichter Walther gleichgesetzt werden darf, an die personifizierte „frouwe Mâze" (Conrady, 1985, S. 23), welche die Tugend des besonnenen Maßhaltens verkörpert. Sie ist, wie die Eingangszeile mitteilt, die „Urheberin" bzw. „Ordnerin aller Menschenwerte". Das rechte Maß in allen Dingen zu finden, darin besteht eine der sittlichen Hauptforderungen des mittelalterlichen Denkens.

Tugend des rechten Maßes

In Walthers Lied wird dieser Gedanke auf die Seinsformen der Liebe und ihre Rangordnung bezogen. Den Mittelpunkt der 1. Strophe bildet die Aufforderung des lyrischen Ichs an die „frouwe Mâze"

> Daz ir mich ebene werben lêret.
> („Daß ihr mich lehrt, gemäß um Liebe zu werben", Z. 7)

Die Minnedichtung ist vor allem Werbungslyrik um die Gunst einer verehrten Frau. Das preisende Rühmen ihrer Schönheit und die Bitte um ihre Zuneigung prägen den Inhalt der Texte. Dies in der rechten Weise zu erlernen, darin besteht der Wunsch des lyrischen Subjekts. Der Bedeutungsschwerpunkt der Gedichtzeile liegt in der Formulierung „ebene werben". Aber wodurch kennzeichnet sich ein angemessenes Liebeswerben?

Angemessene Formen der Liebeswerbung

Darüber gibt das Lied genauere Auskunft mit Hilfe der Unterscheidung, die von Z. 8 eingeführt wird:

> wirbe ich nidere, wirbe ich hôhe, ich bin versêret.
> („Werbe ich nieder, werbe ich hoch – es macht mir Schaden.")

In den beiden extremen Möglichkeiten von ‚niederer' oder ‚hoher Minne' verwirklicht sich für das Gedicht-Ich die Liebe, und zwar nicht als Glückserfahrung, sondern als Schmerz bereitendes Geschehen. Beide Formen der Liebe und des Liebesstrebens erscheinen ihm als „unmâze" (Maßlosigkeit). Daher sucht es nach einer maßvoll ausgewogenen, ‚gesunden' Liebe, für die Walther den Begriff „ebene minne" gefunden hat.

Die 2. Strophe des Liedes erläutert das Gegensatzpaar der ‚hohen' und ‚niederen Minne' in ihrer kontrastiven Wertposition:

,Hohe' und ,niedere' Minne

> Nideriu minne heizet diu sô swachet
> daz der muot nâch kranker liebe ringet:
> diu minne tuot unlobelîche wê.
>
> („Niedere Minne heißt, die so erniedrigt,
> dass der Sinn um nichts ringt als um gemeine Lust:
> der Schmerz aus solcher Minne bringt nur
> Verachtung ein.")

Von der entgegengesetzten Liebe heißt es:

> Hôhiu minne heizet die da machet
> daz der muot nâch hôher wirde ûf swinget:
> diu winket mir nû, daz ich mit ir gê.
>
> („Hohe Minne heißt, die da macht,
> dass der Sinn sich aufschwingt zu den höchsten Werten.
> Sie winkt mir jetzt, dass ich ihr folgen solle.")

Diese Unterscheidung erinnert vage an den vor allem in der Romantik so wichtigen Dualismus von sinnlicher und geistig-seelischer Liebe (vgl. Kapitel 6). Das lyrische Ich des Walther-Liedes ist sich dessen bewusst, dass der ‚hohen Minne' aufgrund ihrer sittlichen Werthaftigkeit der Vorrang gebührt. Doch die um Rat gebetene Instanz der „Frau Maße" zögert mit ihrem Urteil (Z. 18). Und die ethische Einsicht des Subjekts liegt im Widerstreit mit dem Gefühl des sinnbetörenden Eros. „kumet diu herzeliebe", so heißt es in Z. 19, „ich bin jedoch verleitet" („Kommt die Herzensneigung, dann bin ich doch wieder verführt"). Dieser Gegensatz zwischen der „herzeliebe" der ‚niederen Minne' und der Vernunftliebe der ‚hohen Minne' und der Versuch einer Versöhnung zwischen

Geistig-seelische und sinnliche Liebe

beiden prägt das Gesamtwerk Walthers von der Vogelweide.

Um den Sinn seiner dualistischen Liebesauffassung zu verstehen, müssen wir die ‚hohe Minne', die den Mittelpunkt der höfischen Liebeslyrik bildet, in ihrem Gehalt näher bestimmen. Die Parallelen mit der Romantik haben insofern ihre Gültigkeit, als die höfische Minne ebenfalls eine idealisierende Erhöhung der Frau vollzieht und die Anerkennung erotischer Sinnenwünsche abweist. Aus „dieser Spannung zwischen Irdischem und Ewigem, zwischen Begehren und Verehren" bezieht die Minnedichtung ihre stärksten Impulse (Helmut de Boor, *Geschichte der deutschen Literatur*, Bd. 2, München: C. H. Beck, 1962, S. 220). Aber die inneren Beweggründe in der mittelalterlichen Liebeslyrik unterscheiden sich von denen in der romantischen Dichtung mit ihrer christlichen Intention ganz erheblich.

Parallelen zur Romantik

Die ‚hohe Minne', das lässt sich auch dem Lied Walthers entnehmen, bezieht sich auf ein Geschehen „ze hove" (in den adligen Kreisen des Hofes). Die ‚Höhe' der ‚hohen Minne' bezeichnet also zunächst einen sozialen Rang. Die Minne ist Gegenstand einer Dichtung für den Adel im Unterschied zur volkstümlichen oder klerikalen Dichtung. Sie kommt im Kreis der höfischen Gesellschaft zum Vortrag und ist bei der Rezeption auf deren ethischästhetische Bildungsvoraussetzungen angewiesen. Die werbend preisende Verehrung des Minnesängers gilt der „frouwe", die meist in ständischem Sinne als vornehme Dame des Hofes, als „Herrin", auch als „Landesherrin", meist verheiratet und stets als unerreichbar gedeutet wird. Ob die Minnedichter wirklich an einen solchen Status gedacht haben, ist in der literaturwissenschaftlichen Forschung höchst umstritten.

‚Hohe Minne' als Sozialphänomen

Zur Charakterisierung des Verhältnisses zwischen Mann und Frau bedient sich die ‚hohe' Lyrik der Metaphorik des Dienens. In freiwilliger Selbstverpflichtung unterwirft sich das fiktionale Gedicht-Subjekt der gewählten Herrin. Die letzte Strophe des Walther-Liedes „Ir sult sprechen willekomen" („Ihr sollt mir ein Willkommen sagen") beschreibt die Beziehung folgendermaßen:

Der ich vil gedienet hân
und iemer mêre gerne dienen wil,
Diust von mir vil unerlân.
iedoch sô tuot si leides mir sô vil.
Si kan mir versêren
herze und den muot.

(„Sie, deren Dienst ich mich ganz hingegeben habe
und der ich mit Freuden immer dienen will,
sie gebe ich durchaus nicht frei.
Indessen, sie fügt mir nur Schmerz zu.
Denn sie weiß mir zu verletzen
Herz und Sinn.")

Die Liebesbeziehung erweist sich also als eine einseitige Bindung, die man mit dem Begriff Minnedienst kennzeichnet. Dazu muss man sich bewusst machen, dass das Dienen in der höfischen Rittergesellschaft des Mittelalters eine Tugendhaltung darstellt, die auf dem Ethos der gegenseitigen Verpflichtung zwischen dem Herrn und dem ritterlichen Vasallen besteht. Die Selbstbindung an eine übergeordnete Macht ist ein Vorgang, mit dem man sich Ansehen („êre") erwirbt; und je höher die Ehre dessen ist, dem man dient, umso größer wird die eigene Ehre sein. Das öffentliche Rühmen der unerreichbaren Schönheit und Güte der „vrouwe" durch den Sänger und Dichter erhöht also das Ansehen der geliebten Dame und das des Liebenden gleichzeitig.

Rittertugend des Dienens

Dem modernen Bewusstsein in der zweiten Hälfte des 20. Jahrhunderts ist das Verständnis für den positiven Sinn des Dienens auch in der Liebesbeziehung völlig abhanden gekommen. Ineins damit gehen auch die der dienenden Lebensführung inhärenten Werte verloren, d. h. sie werden in der modernen Liebeslyrik gar nicht mehr als Werte hervorgehoben. Zum wohlverstandenen Dienstverhältnis gehören nämlich die ritterlichen Kardinaltugenden der „triuwe" und „staete" (Treue und Beständigkeit). Das lyrische Ich des Liedes betont, dass es der Herrin für immer („iemer mêre") dienen will und dass es sie nicht freigeben werde, was ja bedeuten würde, das Treuebündnis aufzukündigen. So stellt die ‚hohe Minne' einen Musterfall dar, an dem die Dichtung des Mittelalters die gesellschaftlichen Werte vorbildhaft demonstrieren kann, und daher gehören die Begriffe „tri-

„triuwe" und „staete"

Dienst ohne Lohn

uwe" und „staete" bzw. „staetekeit" zum festen Formelschatz der Minnelieder.

Das Dienstverhältnis kennt normalerweise auch einen Lohn. Damit ist es aber beim Minnedienst nicht gut bestellt. Walthers Gedicht-Ich klagt, dass die geliebte Herrin ihm nur Schmerzen bereitet, obwohl von ihr doch nicht mehr erwartet wird als ein „schône grüezen" (ein freundlicher Gruß). In der Schlusszeile spricht es die Erwartung aus, dass sich ihr abweisendes Verhalten künftig durchaus ändern könne, doch besteht kein Anlass zu großer Zuversicht.

In einem Lied von Wolfram von Eschenbach (um 1170–1220) „Ursprinc bluomen" („Der Blumen Sprießen") wird die Einforderung des Lohnes vom Sänger-Ich mehrmals formuliert:

> dîn lôn dienstes sol geruochen,
> daz ich iemer bite und biute unz an mînen tôt.
> lâz mich von dir nemen den trôst,
> daz ich ûz mînen langen clagen werde erlôst.

> („Dein Lohn soll den Dienst vergelten,
> Den ich immer bittend leiste bis zu meinem Tod.
> Lass mich von dir Trost gewinnen,
> Dass ich erlöst werde aus meinen langen Klagen.")

Wie bei Walther klingt auch hier das Motiv der „triuwe" mit an (dienen bis zum Tode), aber ebenso unentwegt („iemer") erbittet das lyrische Ich seine Belohnung. In kühner sprachlicher Zusammenziehung, die das Neuhochdeutsche nicht mehr zulässt, verbunden mit dem Wortspiel der klangähnlichen Verben, wird die Aussage poetisch dicht formuliert: „lôn" wird auf „biten" und „dienst" auf „biuten" (anbieten) bezogen. War es im Gedicht Walthers ein lieber Gruß, so ist es bei Wolfram ein freundliches Wort („helfelîches wort"), das sich das Ich erhofft, das aber, wie seine „langen clagen" belegen, von der „frouwe" verweigert wird. In beiden Fällen handelt es sich aber wohl um weitergehende Erwartungen. Die im Beginn des Wolfram-Gedichts geschilderte Frühlingsstimmung mit dem Hervorsprießen der Blumen spielt untergründig auf erotische Wunschvorstellungen des lyrischen Ichs an, die aber von der hohen Minnelyrik in den Bereich des Unaussprechlichen und Unerfüllbaren verwiesen sind. Aufgrund der stereotypen Verweigerung jeglicher Gegenleistung wird die Minnedichtung zum Klagegesang, wie überhaupt diese „ganze dichterische Gattung" unter der „Vorherrschaft" der „Leidthematik" steht (Günther Schweikle, „Die frouwe der Minnesänger", in: *Der deutsche Minnesang*, Darmstadt: Wissenschaftliche Buchgesellschaft, 1985, S. 265).

<small>Minnesang als Klagelied</small>

Man hat die unnahbare Ferne der besungenen „frouwe" oft als soziale oder rechtliche Höherstellung der Herrin gegenüber dem nichtadligen Sänger verstanden, und man hat den Minnesang insgesamt als Ausdruck gesellschaftlicher Frustrationen oder Aufstiegsbestrebungen interpretiert. Doch erscheint dies höchst fragwürdig, da sich auch Hochadlige und Fürsten dichtend dem Minnedienst unterwerfen, aus dem sie einen Nutzen für ihre Position gar nicht ziehen können. Insgesamt wird man die hochhöfische Liebeslyrik vor allem als ethisch-ästhetisches Phänomen betrachten müssen, in dem ein festes, konventionelles Rollenverhalten der beteiligten Personen erwartet wird.

<small>Lyrik und soziale Wirklichkeit</small>

Wenn es in Wolframs Gedicht heißt „Mîn sanc wil genâde suochen an dich, güetlich wîp" („Mein Lied will Gnade von dir erflehen, gütige Frau"), dann äußert sich darin ein Zug von Anbetung (*adoratio*) und Unterwerfung (*devotio*), der mit der sozialen Wirklichkeit zwischen Mann und Frau im Mittelalter wenig gemein hat. Die „frouwe" wird vielmehr in einem Ausmaß verherrlicht und idealisiert, dass sie als „Idee" oder „Wunschbild" alle personale Realität übersteigt, vergleichbar nur ihrem religiösen Gegenpol in der verehrenden Dichtung: der Jungfrau Maria. Entsprechend gestaltet die Minnelyrik unter der Oberfläche des erotischen Werbens um die Frau etwas viel Tieferes, nämlich „das Werben um ein Ideal: das Streben nach vorbildhafter Daseinshaltung und Lebensführung" (G. Schweikle, 1985, S. 258f.).

<small>Idealisierung der Frau</small>

Wie im Liebessystem des Petrarkismus, von dem im Zusammenhang mit Heine und Fleming (vgl. Kapitel 5 und 9) die Rede war, geht es auch für den Minnesang um „eine Eroserfahrung, die nicht friedevollen Besitz, sondern ruheloses Sehnen will, die nicht im Glück der Vereinigung, sondern in der ewigen Spannung sich vollendet" (H. Pyritz, „Paul Fleming und der Petrarkismus", in: *Deutsche Barockforschung*, Köln: Kiepenheuer & Witsch,

<small>Ruheloses Sehnen (Petrarca)</small>

1970, S. 340). Aus dieser Grundtendenz erklärt es sich, dass die „frouwe" des Minnesängers prinzipiell in eine unerreichbare, wirklichkeitsferne Position gerückt wird und ein Entgegenkommen gegenüber dem Liebenden überhaupt nicht vorgesehen ist. Diese Art von Minnedienst ohne ‚Lohn' existiert als idealistische Vorstellung im Grunde nur in der lyrischen Dichtung, nicht aber in der Realität der höfischen Welt.

Psychologische Deutung der ‚hohen Minne'

Mit Hilfe einer allgemeinen Erfahrung kann der eigentliche Sinn der Liebesauffassung des Minnesangs verdeutlicht werden. Ein Mensch, der mit seinem ganzen Wesen einen anderen liebt und verehrt, ist von einem ethischen Impuls zur Güte, zum Gutsein-Wollen erfüllt. Einerseits deshalb, weil Liebe ursprünglich der Güte verschwistert ist; andererseits, weil er in den Augen des geliebten Menschen gut erscheinen möchte. Dieser Gedanke begegnet bereits in Goethes Gedicht „Warum gabst du uns die tiefen Blicke" (vgl. S. 89f.).

Sittliche Läuterung

Walther von der Vogelweide drückt die sittlich läuternde Wirkung der Liebe in den Schlusszeilen seines Liedes „Ein niuwer sumer" („Ein neuer Sommer") so aus:

> Swer guotes wîbes minne hat,
> der schämt sich aller missetât.
>
> („Wer Liebe zu einer edlen Frau empfindet,
> der schämt sich jeder üblen Handlung.")

Ethos der Bewährung

So wird also die sittliche Bewährung des Mannes im Angesicht der Instanz des Weiblichen zum eigentlichen Zielpunkt der ‚hohen Minne'. Man kann dies mit moderner psychologischer Begrifflichkeit auch als eine ‚Sublimierung' des Eros zum Ethischen hin bezeichnen.

Zu den Bewährungsinhalten des höfisch-ritterlichen Mannes zählt aber nicht nur der Antrieb zum guten Handeln. In einem Vers Reinmars von Hagenau (um 1160/65 – um 1205) heißt es: „daz ich leit mit zühten kan getragen" („daß ich Leid mit Anstand zu tragen vermag"). Der Schmerz der unerwiderten Liebe veranlasst die Gedicht-Figuren zur ständigen Klage über ihr Schicksal, doch gilt es, dies trotzdem mit Haltung zu akzeptieren und der ‚undankbaren' Herrin die Treue zu halten, wenn man die ritterlichen Tugendforderungen erfüllen will.

Wie bei der romantischen Liebesauffassung besteht der Sinn der höfischen Minne gerade nicht in ihrem Selbstwert, den sie für den Menschen besitzen kann, sondern die Liebe wird funktionalisiert, d.h. in Dienst genommen für andere Zwecke: in der Romantik für religiöse, im Hochmittelalter für ethische Zielsetzungen.

Im Zusammenhang mit Walthers Lied „Aller werdekeit ein füegerinne" ist anfangs erwähnt worden, dass die ‚hohe Minne' eine maßlose, krank machende Form der Liebe sei. Wir verstehen jetzt, dass Walthers Vorwurf der „unmâze" auf die unangemessen einseitige, rein geistig-sittliche Intention der Minne zielt. Das natürliche Empfinden der „herzeliebe", die erotische Begeisterung, die den Menschen des 12./13. Jahrhunderts ebenso vertraut war wie denen aller anderen Jahrhunderte auch, kommt in der hohen Minnelyrik nicht zu ihrem Recht. Walther setzt daher mit seinen Liedern der ‚niederen Minne' einen kräftigen Gegenakzent, indem er die liebende Verehrung, die zuvor nur der hoch angesehenen Dame des Hofes zukam, nun auf das einfache Landmädchen überträgt. Infolge dieser Verschiebung wird nicht nur die soziale Ranghöhe eingeebnet, sondern zugleich die abstrakte Idealisierung der Frau aufgehoben. Das Verhältnis zwischen den Liebenden bekommt einen natürlich-realistischen Zug, den die ‚hohe Minne' mit ihrer *adoratio* und *devotio* nicht kennt. Auch in dieser Wendung der Walther'schen Lyrik zur innig persönlichen und sinnlich gefühlten Liebe erinnert manches an den Entwicklungsgang, den Goethes Liebesdichtung von der reinen Seelenlyrik für Charlotte von Stein hin zu den *Römischen Elegien* und zum *Westöstlichen Divan* nimmt (vgl. Kapitel 7). Mit dem Blick auf noch weitere Parallelen hat die Literaturgeschichte die höfische Dichtung des Mittelalters im Übrigen die „erste deutsche Klassik" genannt.

Zum Abschluss betrachten wir ein Beispiel aus den ‚Mädchenliedern' Walthers von der Vogelweide, in dem er den Versuch unternimmt, höfische Gesinnung und schlichte Herzensneigung miteinander zu verschmelzen:

Marginalien:
Von hoher zu niederer Minne

Vergleich mit Goethe

Walthers „Mädchenlieder"

Walther von der Vogelweide

Herzeliebez frouwelîn

Herzeliebez frouwelîn,
got gebe dir hiute und iemer guot!
Kund ich baz gedenken dîn,
des hete ich willeclîchen muot.
5 Was mac ich dir sagen mê
wan daz dir nieman holder ist? owê, dâ von ist mir vil wê.
Sie verwîzent mir daz ich
ze nidere wende mînen sanc.
Daz sie niht versinnent sich
10 was liebe sî, des haben undanc!
Sie getraf diu liebe nie,
die nâch dem guote und nâch der schoene
  minnent, wê wie minnent die?

Bî der schoene ist dicke haz;
zer schoene niemen sî ze gach.
15 Liebe tuot dem herzen baz:
der liebe gêt diu schoene nâch.
Liebe machet schoene wîp:
des mac diu schoene niht getuon, si machet
  niemer lieben lîp.

Ich vertrage als ich vertruoc
20 und als ich iemer wil vertragen.
Dû bist schoene und hâst genuoc:
was mugen si mir dâ von sagen?
Swaz si sagen, ich bin dir holt,
und nim dîn glesîn vingerlîn für einer küneginne
  golt.
25 Hast dû triuwe und staetekeit,
sô bin ich des ân angest gar
Daz mir iemer herzeleit
mit dînem willen widervar.
Hâst aber dû der zweier niht,
30 so müezest dû mîn niemer werden. owê danne,
  ob daz geschiht!

Meine geliebte kleine Herrin

Meine geliebte kleine Herrin,
Gott behüte dich heute und immer!
Könnte ich schöner meine Wünsche ausdrücken –
ich tät es wahrlich gern.
5   Was aber kann ich dir mehr sagen
als daß dich niemand lieber haben kann? Ach
   das macht mir manchen Kummer.

Sie werfen mir vor, daß ich
an niedrig Geborne richte meinen Sang.
Daß sie nicht begreifen
10 was wirkliche Liebe ist – dafür sollen sie
   verwünscht sein!
Nie hat wahre Liebe sie getroffen,
die nach dem Grad von Reichtum und Schönheit
   entflammt werden, – ach was für eine Liebe
   ist das?

Hinter äußerer Schönheit verbirgt sich oft ein
   böses Herz.
Solcher Schönheit laufe niemand eilig nach.
15 Ein liebes Herz steht viel höher,
und hinter ihm geht die Schönheit.
Ein liebes und liebendes Herz macht die Frau
   schön;
dergleichen kann die Schönheit nicht vollbringen:
sie macht das Herz nicht gut.

Ich trage ihren Vorwurf wie ich ihn immer
   getragen habe
20 und ihn immer tragen werde.
Du bist schön, und du bist reich –
aber was können sie mir davon schon sagen?
Was immer sie sagen mögen – ich hab dich lieb,
und dein Ring mit dem Glasstein ist mir mehr
   als der Goldring der Königin.

25 Wenn du Beständigkeit und Treue hast,
so hab ich keine Sorge davor,
daß meinem Herzen je ein Leid
von deinem Herzen widerfahre.
Hast aber du sie nicht,
30 dann könntest du mir nie gehören. Ach, wenn es
   je so kommt …

          (Übersetzung: Peter Wapnewski)

Symmetrischer Aufbau

Das fünfstrophige Gedicht, dessen 3. Strophe in einer früheren ‚Fassung' noch fehlte, weist einen kunstvollen symmetrischen Bau auf. Die Strophen 1 und 5 korrespondieren inhaltlich miteinander, insofern sie sich ganz der Liebesbeziehung zwischen dem lyrischen Ich und dem geliebten Mädchen widmen. Sie enthalten die als Formel zusammengehörenden Begriffe „herzeliebe" und „herzeleit" und enden jeweils mit einem Klageausruf. Der innere Zusammenhang beider Strophen erweist sich als so eng, dass die Klage der Strophe 1 („O weh, davon muss ich viel leiden") sich erst aus den Befürchtungen der Strophe 5 erklärt: Wenn die Geliebte nicht treu und beständig ist, dann wird dem Ich großes Leid widerfahren.

So umschließen die erste und letzte Strophe den Innenteil, der thematisch anders akzentuiert ist. Die 2. Strophe greift fiktive Vorwürfe der Öffentlichkeit auf, wobei wir in den Tadlern nach der Tradition der Minnelyrik wohl konkurrierende Minnesänger zu sehen haben. Das lyrische Ich wehrt sich mit dem Gegenvorwurf, dass jene Kritiker seiner Liebesauffassung gar nicht wissen, was wahre Liebe sei. Diese Argumentationsweise gehört zum polemischen Repertoire in der Minnedichtung. Wir finden sie beispielsweise in Hartmann von Aues „Ich var mit iuwern hulden" („Ich ziehe mit eurer Gunst", DL, S. 14 f.). Mit einer heftigen Verwünschung unterstreicht der Sprecher seinen Unmut. Zusammen mit der zweiten bildet die vierte Strophe eine Art von innerem Rahmen für die dritte. Die Strophe 4 nimmt nämlich die Polemik gegen die Gegner aus der Strophe 2 wieder auf, gibt ihr aber eine gegenläufige Wendung ins gleichgültig Verächtliche: „Was können diese Leute mir schon sagen!" Sie leitet dann mit der trotzigen Bekräftigung („Was immer sie auch reden mögen, ich habe dich lieb") zum Ausgangsthema zurück. Die 4. Strophe nimmt auch das Stichwort „Reichtum" aus der Strophe 2 auf und beantwortet es abweisend, indem sie den Vorzug des gläsernen Ringleins gegenüber dem Goldschmuck betont.

Rhetorisch-polemischer Sprachgestus

Reflexiv-argumentierender Sprachgestus

Der formalen Gliederung zufolge bildet die 3. Strophe den strukturellen Mittelpunkt. Das legt den Schluss nahe, dass in ihr auch das gedankliche Zentrum des Gedichts zu suchen ist, denn nur dann besitzt die zyklische Anordnung der ‚Rahmenstrophen' einen wirklich funktionalen Sinn. Das Besondere der Mittelstrophe zeigt sich äußerlich darin, dass sie nicht mehr zur Kategorie der Bekenntnis-, Preis- oder Werbelyrik gehört wie die andern vier Strophen, sondern dass sie einen von den Gedicht-Figuren abgelösten Reflexionscharakter besitzt. Sie bedenkt das allgemeine Problem des Verhältnisses zwischen Liebe und Schönheit und liefert damit einen Beitrag zur Minnetheorie. Wie kommt es zu dieser reflexiv-belehrenden Argumentationsstrophe und welchen Stellenwert besitzt sie in dem Gedicht? Das lyrische Ich sieht sich dem Vorwurf gegenüber, dass es sein Liebeslied an ein junges Mädchen von nichtadliger Herkunft, also „so nidere" richte. Die Stellung der Frau spielt aber für das Minnelied eine überaus wichtige Rolle, und daher müssen wir der Anrede „herzeliebez frouwelîn" eine besondere Aufmerksamkeit widmen. Formal handelt es sich um eine Verkleinerungsform zu „frouwe" mit dem Ableitungssuffix -lîn und entspricht so dem neuhochdeutschen „Fräulein". Wapnewski übersetzt aber entsprechend der Bedeutung von „frouwe" als ‚Herrin' mit ‚kleine Herrin'. Das hohe Minnelied kennt solch eine vertrauliche Anrede nicht; die verehrte Frau heißt dort „frouwe" oder „wîp". Die Koseform „frouwelîn" verrät eine innig vertraute Beziehung, die mit „Fräulein" nicht wiedergegeben werden kann, ebenso wenig wie mit dieser Anrede eine ständische Einordnung zu erfassen ist. (Vgl. dazu Friedrich Neumann in: *Die deutsche Lyrik. Interpretationen*, Bd. 1, hrsg. von Benno von Wiese, Düsseldorf: Bagel, 1956, S. 57f.) Wenn Walther von der Vogelweide ein Mädchen aus dem unteren Stand als „frouwelîn" besingt, erhebt er sie mit dieser Anrede zur Herrin nur im übertragenen Sinne: als Gebieterin über die Empfindungen des lyrischen Ichs.

Sozialer Rang der Geliebten

Die „frouwe" des hohen Minnesangs zeichnet sich nun nach Auffassung dieses Walther-Liedes vor allem durch eine glanzvolle äußere Erscheinung aus („schoene") und durch ihren standesgemäßen Besitz („guote"). Beides aber fehlt dem „frouwelîn", und damit entfallen für das lyrische Ich nach allgemeiner Meinung die entscheidenden Motive für eine liebende Zuneigung.

Die wichtige 3. Strophe spielt auf diesem Hintergrund die Liebe rhetorisch gegen die äußere Schönheit und das gesellschaftliche Ansehen der Geliebten aus und warnt davor, solchen äußerlichen Reizen nachzujagen. Das ist ein ungewöhnlicher Gedanke, denn Schönheit, Pracht der Gewänder, das Funkeln edler Steine u. Ä. gelten dem Mittelalter als hohe (positive) „Wahrzeichen der höfischen Gesellschaft"; die „Schönheit der Erscheinung" drückt zugleich „ein schönes Inneres" aus (Helmut de Boor, *Geschichte der deutschen Literatur*, Bd. 2, München: C. H. Beck, 1962, S. 8 f.).

Innere und äußere Schönheit

Walthers Gedicht argumentiert mit einem zweifachen Schönheitsbegriff. Es setzt der äußeren Schönheit, der eine eigene Werthaftigkeit abgesprochen wird, eine innere Schönheit entgegen, die von der ersteren ganz unabhängig ist. Sie ergibt sich aus einer liebenswerten, herzlichen Wesensart, die durch keine prächtigen äußeren Vorzüge bewirkt werden kann. Aber nur Herzensgüte und liebevolle Seelenhaltung verdienen die innige Zuneigung des Liebenden, die Walther jetzt auch nicht mehr „minne", sondern „liebe" nennt. Der Begriff „minne" bleibt im Gegenteil gerade denen zugeordnet, die nicht wahrhaft zu lieben verstehen (Z. 12). Nachdem der Dichter in der 3. Strophe seine Auffassung dargelegt hat, dass die Liebe allein vom inneren Wert und nicht von der äußeren Erscheinung bzw. der sozialen Stellung abhängt, und weil nämlich das „herzeliebe frouwelîn"

Entscheidung für innere Schönheit

innerlich schön und reich genug ist, um die Liebe des lyrischen Ichs zu verdienen, besteht für den Sänger kein Anlass, sich nicht – entgegen allen höfischen Vorurteilen – zu ihr zu bekennen. Allerdings bindet das Gedicht-Ich seine Zuneigung an die ethischen Tugendforderungen, die auch der hohen Minne selbstverständlich sind: „triuwe und staetekeit". Dort werden sie eigentlich nur dem ritterlichen Mann von der" frouwe" abverlangt, hier aber gerade auch von der „kleinen Herrin". Die literarische Erscheinungsform der Liebe mit ihren inneren Begründungen und den sie begleitenden Wertvorstellungen der Treue und zuverlässigen Beständigkeit sind in der Realität des 12./13. Jahrhunderts durchaus

Gefährdete Liebe

„gefährdete Größen" (G. Schweikle, 1985, S. 268). Das bekundet sich in dem sorgenvollen Weh-Ruf der Schlusszeile, der die Möglichkeit schmerzlichster Enttäuschun-

Motiv der Klage

gen für das lyrische Ich wach hält. So bleibt auch dieses Genre der ‚ebenen Minne' dem Schema der Klage-Dichtung treu.

Aber selbst Liebesgedichte, die von der Erfüllung erotischer Wünsche und von gelungener Partnerschaft sprechen – die sogenannten Tagelieder –, gestalten fast ausnahmslos die Situation der Trennung der Liebenden beim Anbruch des Morgens (z. B. Heinrich von Morungens „Owê", DL, S. 18). Es scheint, dass die höfische Liebesdichtung den existenzbedrohenden Aspekt der Liebe, die Gefährdungen und Unzulänglichkeiten des Menschen in der Partnerschaft, stets im Bewusstsein halten will. So fern den heutigen Lesern die geistig-sozialen Gegebenheiten des Mittelalters auch liegen – „mâze, triuwe, staete" zählen nur bedingt zu den leitenden Wertkategorien unserer Gesellschaft –, die Liebesauffassungen der höfischen Lyrik mit all den Ängsten und Wünschen, wie sie in Walthers Liedern ihren Ausdruck gefunden haben, erscheinen uns noch immer vertraut.

> Zentrale Themen der höfischen Minnelyrik sind das preisende Rühmen der geliebten, hoch gestellten „frouwe" (Preislied) und die Klage über deren abweisende Haltung (Klagelied). Die Dichtung überhöht das Liebesmotiv mit Hilfe der Metaphern des Dienens ohne Lohn zur ethischen Bewährungsprobe des Mannes nach Maßgabe der hochmittelalterlichen Rittertugenden. In der späteren Minnelyrik Walthers von der Vogelweide wird dieser wirklichkeitsfremde Rigorismus durch die Idee der ‚natürlichen', wechselseitigen Liebe („Mädchenlieder") gemildert.

Verzeichnis der Autoren, Gedichttitel bzw. -anfänge und Quellen

Bachmann, Ingeborg (1926–1973)

Enigma 150
Aus: Werke. Bd. 1. München: Piper, 1993. S. 171.

Brecht, Bertolt (1898–1956)

Entdeckung an einer jungen Frau 33
Die Liebenden 153
Aus: Gedichte. Bd. 2. Frankfurt a. M.: Suhrkamp, 1960. S. 41, 210.

Brentano, Clemens (1778–1842)

Ich weiß wohl, was dich bannt in mir 73
Aus: Werke. Bd. 1. München: Hanser, 1978. S. 559.

Dach, Simon (1605–1659)

Komm, Dorinde (Mai-Liedchen) 116
Aus: Werke. Bd. 1. München: Hanser, 1978. S. 90.

Eichendorff, Joseph von (1788–1857)

Der stille Grund 79
Das zerbrochene Ringlein 163
Der Schiffer. . . . . 74 f.
An Luise 71
Aus: Werke. München: Hanser, 1966. S. 300, 309, 377, 436, 437.

George, Stefan (1868–1933)

Im windes-weben 40
Aus: Werke in zwei Bänden. Bd. 1. Stuttgart: Klett-Cotta, 1984. S. 12.

Goethe, Johann Wolfgang von (1749–1832)

Mit einem gemalten Band 167
Maifest . . . . 82 f.
Warum gabst du uns die tiefen Blicke . . . . 89 f.
Elegie 87
Aus: Goethes Werke in 14 Bänden. Bd. 1. München: C. H. Beck, 1974.
    S. 26, 30, 122, 383.
Selige Sehnsucht (Aus: West-östlicher Divan) 94
Suleika (Aus: West-östlicher Divan) 168
Aus: Goethes Werke in 14 Bänden. Bd. 2. München: C. H. Beck, 1972.
    S. 18, 80.

Hahn, Ulla (geb. 1946)

Mit Haut und Haar 146
Bildlich gesprochen. 13
Aus: Herz über Kopf. Gedichte. Stuttgart: Deutsche Verlags-Anstalt, 1981.
S. 7, 48.

Heine, Heinrich (1797–1856)

Aus meinen großen Schmerzen 59
Ein Jüngling liebt ein Mädchen 164
Sie saßen und tranken am Teetisch 160
Teurer Freund! 65
Mit deinen blauen Augen 161
In der Fremde 61
Aus: Sämtliche Werke. Bd. 1: Gedichte. Düsseldorf: Artemis & Winkler, 1997.
S. 73, 74, 78, 108, 190, 734.

Hofmannsthal, Hugo von (1874–1929)

Die Beiden 44
Dein Antlitz 156
Aus: Gedichte und kleine Dramen. Frankfurt a. M.: Suhrkamp, 1966. S. 11, 13.

Hoffmannswaldau, Christian Hoffmann von (1616–1679)

Vergänglichkeit der Schönheit 173
Aus: Die deutsche Literatur. Texte und Zeugnisse. Bd. 3: Das Zeitalter des Barock.
Hrsg. von Albrecht Schöne. München: C. H. Beck, 1963. S. 445f.

Kästner, Erich (1904–1974)

Sachliche Romanze 149
Aus: Zeitgenossen haufenweise. Gedichte. München/Wien: Hanser, 1998. S. 65.

Kiwus, Karin (geb. 1942)

Lösung 22
Aus: Angenommen später. Gedichte. Frankfurt a. M.: Suhrkamp, 1979. S. 23.

Klopstock, Friedrich Gottlieb (1724–1803)

An Gott 109
Das Rosenband 106
Aus: Ausgewählte Werke. München: Hanser, 1962. S. 5, 74.

Krolow, Karl (1915–1999)

Liebesgedicht 25
Aus: Deutsche Lyrik der Gegenwart. Hrsg. von Willi Fehse.
Stuttgart: Reclam, 1960. S. 141.

Liliencron, Detlev von (1844–1909)

Glückes genug 56
Aus: Werke. Bd. 1. Hrsg. von Benno von Wiese. Frankfurt a. M.: Insel, 1977. S. 62.

Maiwald, Peter (geb. 1946)

Letzte Stunde 150
Aus: Guter Dinge. Gedichte. Stuttgart: Deutsche Verlags-Anstalt, 1987. S. 80.

Meyer, Conrad Ferdinand (1825–1898)

Zwei Segel 52
Aus: Sämtliche Werke. Bd. 2. München: Winkler, 1968. S. 102.

Mörike, Eduard (1804–1875)

Das verlassene Mägdlein .... 163 f.
An die Geliebte 65
Aus: Sämtliche Werke in 2 Bänden. Bd. 1. München: Winkler, 1967. S. 703, 771.

Novalis (1772–1801)

An Julien 67
Aus: Werke und Briefe. München: Winkler, 1962. S. 41.

Opitz, Martin (1597–1639)

Lied 172
Aus: Teutsche Poemata. Abdruck der Ausgabe von 1624.
   Mit Varianten der Einzeldrucke. Hrsg. von Georg Witkowski.
   Halle a. d. Saale: Max Niemeyer, 1902. S. 143.

Plessen, Elisabeth (geb. 1944)

Dank dir dank euch 20
Aus: Literaturmagazin 9. Der neue Irrationalismus.
   Reinbek bei Hamburg: Rowohlt, 1978. S. 285.

Rilke, Rainer Maria (1875–1926)

Liebes-Lied 48
Die Liebende 156
Aus: Werke in 4 Bänden. Bd. 1. Frankfurt a. M. / Leipzig: Insel, 1996. S. 262, 450.

Uz, Johann Peter (1720–1796)

An Chloen 98
Aus: Sämtliche Poetische Werke. Nachdruck der Ausgabe von 1890.
   Hrsg. von A. Sauer. Darmstadt: Wissenschaftliche Buchgesellschaft,
   1964. S. 73.

Walther von der Vogelweide (um 1170 – um 1230)

Ir sult sprechen willekomen 127
Herzeliebez frouwelîn 132
Aller werdekeit ein füegerinne... 124 f.
Ein niuwer sumer („ So die bluomen uz dem grase dringent") 130
Aus: Gedichte. Ausgewählt und übersetzt von Peter Wapnewski. Frankfurt a. M.:
  Fischer, 1962. S. 26–28, 72, 86, 88.

Wolfram von Eschenbach (um 1170/80 – um 1220)

Ursprinc bluomen 128
Aus: Deutsche Lyrik des Mittelalters. Ausgewählt und übersetzt von Max Wehrli.
  Zürich: Manesse, 1955. S. 195.

Zesen, Philipp von (1619–1689)

Das sechste Lied .... 111 f.
Aus: Sämtliche Werke. Bd. I,1. Hrsg. von Ferdinand von Ingen.
  New York / Berlin: De Gruyter, 1980. S. 161 f.

Literaturhinweise

Anthologien und Materialsammlungen

Conrady, Karl Otto (Hrsg.): Das große deutsche Gedichtbuch. Königstein/Ts.: Athenäum, 1985.
- Der Neue Conrady. Das große deutsche Gedichtbuch. Düsseldorf/Zürich: Artemis & Winkler, 2000. [Zit. als: NC.]

Deutsche Liebeslyrik. Hrsg. von Hans Wagener. Stuttgart: Reclam, 1982. (Universal-Bibliothek Nr. 7759.) [Zit. als: DL.]

Nichts ist versprochen. Liebesgedichte der Gegenwart. Hrsg. von Hiltrud Gnüg. Stuttgart: Reclam, 2003. (Universal-Bibliothek Nr. 18094.)

Petruschke, Adelheid (Hrsg.): Liebeslyrik. Stuttgart [u.a.]: Klett, 2006. (Editionen mit Materialien.)

Allgemeine Darstellungen

Adorno, Theodor W.: Rede über Lyrik und Gesellschaft. In: Noten zur Literatur I. Frankfurt a.M.: Suhrkamp, 1961. S. 73–104.

Burdorf, Dieter: Einführung in die Gedichtanalyse. Stuttgart/Weimar: Metzler, 1997. (Sammlung Metzler 284.)

Friedrich, Hugo: Die Struktur der modernen Lyrik. Reinbek bei Hamburg: Rowohlt, 1956. (rowohlts deutsche enzyklopädie 25.)

Gnüg, Hiltrud: Schlechte Zeit für Liebe – Zeit für bessere Liebe? In: Abschiede: Aufbrüche. Studien zur deutschen Literatur seit 1968. Hrsg. von Michael Zeller. Stuttgart: Klett, 1979.

Kaiser, Gerhard: Geschichte der deutschen Lyrik von Goethe bis Heine. Ein Grundriß in Interpretationen. Frankfurt a.M.: Suhrkamp, 1988.
- Geschichte der deutschen Lyrik von Heine bis zur Gegenwart. Ein Grundriß in Interpretationen. Frankfurt a.M.: Suhrkamp, 1991.

Kluckhohn, Paul: Die Auffassung der Liebe in der Literatur des 18. Jahrhunderts und in der deutschen Romantik. Tübingen: Max Niemeyer, 1966.

Krolow, Karl: Aspekte zeitgenössischer deutscher Lyrik. Gütersloh: Mohn, 1961.

Schweikle, Günther: Der deutsche Minnesang. Darmstadt: Wissenschaftliche Buchgesellschaft, 1985. (Wege der Forschung 608.)

Sorg, Bernhard: Lyrik interpretieren. Eine Einführung. Berlin: Erich Schmidt Verlag, 1999.

Zeman, Herbert: Die deutsche anakreontische Dichtung. Stuttgart: Metzler, 1972.

Interpretationen

Annäherungsversuche. Zur Geschichte und Ästhetik des Erotischen in der Literatur. Hrsg. von Horst Albert Glaser. Stuttgart: Haupt, 1993.

Binneberg, Kurt: Deutsche Lyrik von der Klassik bis zur Romantik. Stuttgart [u.a.]: Klett, 1995. (Interpretationshilfen.)
- Lyrik der Romantik. Stuttgart: Klett, 2000. (Lektürehilfen.)

Gedichte und Interpretationen. Bd. 1: Renaissance und Barock. Hrsg. von Volker Meid. Stuttgart: Reclam, 1982.

Gedichte und Interpretationen. Bd. 3: Klassik und Romantik. Hrsg. von Wulf Segebrecht. Stuttgart: Reclam, 1984.

Gedichte und Interpretationen. Bd. 5: Vom Naturalismus bis zur Jahrhundertmitte. Hrsg. von Harald Hartung. Stuttgart: Reclam,1983.

Hinck, Walter: Stationen der deutschen Lyrik. Von Luther bis in die Gegenwart. Göttingen: Vandenhoeck & Ruprecht, 2000.

– (Hrsg.): Ausgewählte Gedichte Brechts mit Interpretationen. Frankfurt a.M.: Suhrkamp, 1981.

Kortländer, Bernd (Hrsg.): Gedichte von Heinrich Heine. Interpretationen. Stuttgart: Reclam, 1995.

Reich-Ranicki, Marcel (Hrsg.): 1000 Deutsche Gedichte und ihre Interpretationen. 10 Bde. Frankfurt a.M.: Insel, 1994.

Prüfungsaufgaben und Lösungen

1. Aufgabe

Analysieren Sie, unter besonderer Berücksichtigung der Rollenverteilung beider Gedichtfiguren, das problematische Verständnis von Liebe in Ulla Hahns Gedicht „Mit Haut und Haar", das den Versuch einer Liebesbeziehung thematisiert. Es entstammt der Sammlung *Herz über Kopf* (1983), deren Titel auch bei der Betrachtung des folgenden Gedichts nicht unwichtig sein dürfte.
Beachten Sie auch die Perspektive, aus der das Gedicht dem Leser nahe gebracht wird.
Erläutern Sie die sprachlich-rhythmischen ‚Bruchstellen' in bestimmten Zeilen als formale Gestaltungsmittel, mit deren Hilfe Unstimmigkeiten in der Gefühlswelt des Subjekts angedeutet werden.
Vergleichen Sie die Motive von Unterwerfung und Inbesitznahme in diesem Gedicht mit ihrem Gebrauch im themengleichen Hahn-Gedicht „Bildlich gesprochen" (S. 13).

Ulla Hahn

Mit Haut und Haar

Ich zog dich aus der Senke deiner Jahre
und tauchte dich in meinen Sommer ein
ich leckte dir die Hand und Haut und Haare
und schwor dir ewig mein und dein zu sein.

5 Du wendetest mich um. Du branntest mir dein Zeichen
mit sanftem Feuer in das dünne Fell.
Da ließ ich von mir ab. Und schnell
begann ich vor mir selbst zurückzuweichen

und meinem Schwur. Anfangs blieb noch Erinnern
10 ein schöner Überrest der nach mir rief.
Da aber war ich schon in deinem Innern
vor mir verborgen. Du verbargst mich tief.

Bis ich ganz in dir aufgegangen war:
da spucktest du mich aus mit Haut und Haar.

Lösungsaspekte

Inhaltliche Analyse
- Das agierende Ich der 1. Strophe ist höchstwahrscheinlich die weibliche Figur, die durch ihre Zuneigung dem männlichen Du an einem Tiefpunkt seines Lebens (Einsamkeit?, Alter?) das Glück der Liebe („Sommer"-Metapher) zuteil werden lässt. Wobei allerdings der Begriff ‚Liebe' nirgends genannt wird. Die Frau handelt sowohl emanzipatorisch (Z. 1 f.) als auch unterwürfig (Hundemetapher) – ihre Hingabe ist einerseits total (Titel: „Mit Haut und Haar"), dennoch will sie Gleichrangigkeit zwischen Ich und Du, indem sie sich treu zu bleiben verspricht (Z. 4): unlösbarer Zwiespalt von Selbsthingabe und Selbstbewahrung.
- Die männliche Figur wird aktiv in Strophe 2, handelt besitzergreifend und gewaltsam (Brandzeichen als Eigentumsmerkmal bei Tieren). Er gibt nicht, er nimmt nur, und zwar die Partnerin nicht so, wie sie ist, sondern wie er sie haben will (Z. 5). Folge: Die Frau verliert ihr Selbstverständnis, entfremdet sich von ihren Wünschen, verrät sich selbst, indem sie ihren Schwur bricht (rechtliches und moralisches Vergehen). Durch Hingabe und völlige In-Besitznahme durch den Mann wird sie als Person für sich und andere wertlos. Folgerichtig kann der Mann, der sich beglückt und dankbar fühlen sollte, die durch ihr Verhalten wehrlos Gewordene am Schluss fortwerfen (das ‚Ausspucken' kennzeichnet das Verächtliche des Vorgangs). ‚Liebe' kann in einem solchen Rollenverhalten nicht zustande kommen. Der Text charakterisiert sich durch den Verlauf eher als ein ‚Anti-Liebesgedicht' bzw. gibt dem Leser zu verstehen, unter welchen Voraussetzungen Liebe scheitern muss.

Figurenperspektive
Zur Rollenverteilung der Figuren in dem Gedicht gehört die einseitige Perspektive, aus der das Geschehen vermittelt wird. Der Leser erfährt die Vorgänge nur aus der Sicht der Frau. Was der Mann denkt oder fühlt, bleibt völlig im Dunkeln. Damit schafft die Autorin ein Ungleichgewicht, das den unterschiedlichen emotionalen Einsatz der beiden Figuren verdeutlicht. Die Frau erscheint als selbstlos und liebesfähig, der Mann als egoistisch kaltherzig. Vielleicht soll damit eine negative Grundsituation angedeutet werden, die sich so in Liebesgedichten von Autorinnen (I. Bachmann, K. Kiwus, H. M. Novak, E. Plessen,) häufiger findet.

Sprachlich-rhythmische Besonderheiten

Das Gedicht ist in der Form des englischen Sonetts streng gebaut. Sonettzeilen besitzen oft ein regelmäßiges Metrum mit fünf Hebungen (jambischer Versfuß). Hahn übernimmt diese Form, führt sie beispielhaft in Strophe 1 durch. Geregeltes Metrum ermöglicht einen harmonisch fließenden Sprachrhythmus. Wo dieser Sprachfluss durch Dissonanzen gestört wird, lassen sich inhaltliche Unstimmigkeiten vermuten.

- Z. 5: rhythmischer Bruch in der Versmitte – Satzschluss nach der 3. Hebung mit starker Zäsur – die Zeile besitzt gegen die Regel 6 Betonungen (inhaltlich geschieht hier der gewaltsame Eingriff des Mannes in die Gefühlswelt der Frau).
- Z. 7: derselbe formale Bruch durch dreihebigen Kurzsatz – Vers besitzt nur 4 Hebungen (Thema ist die zerstörerische Selbstaufgabe der Frau – dass dies zu „schnell" geschieht, spiegelt sich im Vers: Er ist der kürzeste des Gedichts).
- Z. 9: starke rhythmisch-syntaktische Zäsur im Versfluss nach „Schwur" (Motiv des widernatürlichen Selbstverrats) – metrischer Zwang zu ungewohnter Betonung von „Anfangs" behindert den Rhythmus (signalisiert innere Unbeholfenheit der Figur).
- Z. 12: wieder syntaktische Zäsur in der Versmitte, aber nicht nach einsilbiger Hebung, wie oben, sondern nach einer Senkung („verborgen"), das ermöglicht rhythmisches Weitergleiten des Verses (der emotionale Bruch im Empfinden der Frau hat seine Schärfe verloren).

Vergleich

- „Bildlich gesprochen" formuliert in Bildvergleichen zahlreiche sich steigernde Handlungen des verliebten Ich, in denen Unterwerfung und Selbstaufgabe (Strophe 1) aufscheinen, in denen behutsame Inbesitznahme erfolgt (Z. 5 f.), dann aber zunehmend gewaltsames und am Ende zerstörendes Ergreifen des geliebten Menschen vorgestellt wird.
- Im Unterschied zu „Mit Haut und Haar" wird durchgehend im irrealen Modus des Konjunktiv gesprochen, also von bloßen Vorstellungen – in ihnen kommt aber die deformierte Liebesauffassung der lyrischen Figur zur Sprache.

2. Aufgabe

Zu den zentralen Themen in der Liebeslyrik gehört auch das Scheitern der Liebe, der Verlust und die Trennung. Die drei folgenden Beispiele von Erich Kästner, Peter Maiwald und Ingeborg Bachmann sprechen von diesem Motivkomplex auf ähnliche und unterschiedliche Weise.
Erläutern Sie die unterschiedliche Formgebung und Sprachbehandlung dieser Texte, auch im Hinblick auf die gestalteten Inhalte.
Vergleichen Sie das Verhalten der betroffenen Figuren im Scheitern ihrer Liebesbeziehung.

Erich Kästner

Sachliche Romanze

Als sie einander acht Jahre kannten
(und man darf sagen: sie kannten sich gut),
kam ihre Liebe plötzlich abhanden.
Wie andern Leuten ein Stock oder Hut.

5   Sie waren traurig, betrugen sich heiter,
versuchten Küsse, als ob nichts sei,
und sahen sich an und wußten nicht weiter.
Da weinte sie schließlich. Und er stand dabei.

Vom Fenster aus konnte man Schiffen winken.
10 Er sagte, es wäre schon Viertel nach Vier
und Zeit, irgendwo Kaffee zu trinken.
Nebenan übte ein Mensch Klavier.

Sie gingen ins kleinste Café am Ort
und rührten in ihren Tassen.
15 Am Abend saßen sie immer noch dort.
Sie saßen allein, und sie sprachen kein Wort
und konnten es einfach nicht fassen.

(1929)

Peter Maiwald

Letzte Stunde

In der letzten Stunde da
konnten wir nichts machen.

Du wolltest nicht traurig sein,
ich konnte nicht lachen.

5 So packten wir die Zeit
in Papier und Reden.

Danach gingen wir zu zweit
allein beschwert von jedem.

(1983)

Ingeborg Bachmann

Enigma

Nichts mehr wird kommen.

Frühling wird nicht mehr werden.
Tausendjährige Kalender sagen es jedem voraus.

Aber auch Sommer und weiterhin, was so gute Namen
5 wie „sommerlich" hat –
es wird nichts mehr kommen.

Du sollst ja nicht weinen,
sagt eine Musik.

Sonst
10 sagt
niemand
etwas.

(1963)

Erläuterungen
[Titel] **Enigma**: griech. Rätsel
Z. 1 zitiert eine Zeile von Peter Altenberg.
Z. 7 verweist auf das Kinderbettlerlied in Mahlers 3. Sinfonie.

Lösungsaspekte

Kästners „Sachliche Romanze"
- Kästners Gedicht ist traditionell strophisch gebaut – vier daktylische Verse mit vier Hebungen und Kreuzreim, rhythmisch-lyrischer Sprechton – durch konventionellen Sprachgebrauch (syntaktisch vollständige Sätze) und erzählenden Duktus wirkt das Gedicht strukturell ausgewogen, harmonisch.
- Das lyrische Ich (Gedichtsprecher) steht außerhalb, ist selbst nicht betroffen, fungiert als neutraler Berichterstatter; sachlicher Mitteilungston.
- Das Gedicht setzt mit dem Wahrnehmen des Liebesverlusts ein – die Liebe wird verdinglicht zum Alltagsgegenstand („Stock oder Hut"), der plötzlich verloren geht: vormalig große Gefühle („Romanze") werden zum Gebrauchsartikel, den man aus Unachtsamkeit verliert.
- Die betroffenen Partner reagieren auf die Verlusterfahrung mit Haltung, versuchen Trauer zu überspielen (gelingt dem Mann wohl besser als der Frau, Z. 8), auch durch Ablenkung (Café-Besuch) – es gibt keine Gefühlsausbrüche oder Klagen; die Stimmung ist gedämpft melancholisch – dem Bewahren der äußeren Haltung korrespondiert der geordnete Gedichtaufbau der „Sachlichen Romanze".
- Gedichtschluss gibt die trostlose Situation der beiden indirekt zu erkennen, sie sind sprachlos: Was man nicht begreifen kann (Gründe des Scheiterns), kann man nicht in Worte fassen. Vom endgültigen Abschied spricht das Gedicht nicht, Trennung wird hinausgezögert (Z. 15–17), was sich in der Textstruktur spiegelt: Die Schlussstrophe erhält eine zusätzlich verzögernde Zeile 16 – der Leser kann sich den Fortgang selbst ausmalen.

Maiwalds „Letzte Stunde"
- Identische Thematik und vergleichbare Situation wie bei Kästner – Anknüpfung an tradierte Muster: vierstrophiger Aufbau, reduziert auf zwei Strophenzeilen, Wechsel von drei und vier Hebungen, Daktylen, Endreime lassen Bestreben nach struktureller Ordnung erkennen – Reimschema verweist auf Zusammengehörigkeit der Strophen 1/2 und 3/4 und ihre gewollte Trennung: Pausierungen, die auf ‚Leerstellen' im Geschehen hindeuten – rhythmisches Sprechen der Zeilen zeigt Unstimmigkeiten in Z. 1 und Strophe 2, die innere Dissonanz andeuten; der äußerlich geordnete Gedichtaufbau erweist sich im Hinblick auf Inhalte als Täuschung.
- Das Gedicht-Ich ist selbst betroffen (der männliche Partner), spricht aber emotionslos unterkühlt und bewusst ‚flapsig' von der Situation, wobei der Begriff ‚Liebe' nicht vorkommt.

- Gedichtsprache ist extrem karg, gegenüber Kästners Diktion stark geschrumpft – einfachstes Vokabular, Alltagssprache mit trivialen Wendungen (Z. 2) und dürftigem Satzbau – Sinn dieses Stils: Es gibt in der trostlosen Situation nicht viel zu sagen, schöne Worte erklären nichts, helfen nicht weiter.
- Maiwalds Gedicht setzt ein mit der Abschiedsstunde (Titel assoziiert ‚Todesstunde'), die Verlusterfahrung liegt dem, wie bei Kästner, voraus – die Haltung der Betroffenen ist ähnlich: keine Klagen, bewusstes Abwehren der Gefühle (Strophe 2), Überspielen des traurigen Beisammenseins durch Gerede (Strophe 3), nicht Fassungslosigkeit wie bei Kästner, sondern resignierendes Achselzucken (‚da kann man nichts machen').
- Unterschied in den Gedichtschlüssen: Scheitern der Liebe läuft letztlich auf Trennung hinaus. Kästners Gedicht formuliert das nicht, der Leser ahnt es. Maiwalds „Letzte Stunde" deutet den Abschied im Titel an, in den Schlusszeilen wird er ausgesprochen: Trennung bedeutet „zu zweit allein" sein, aber auf den Schultern liegt die doppelte Last der Trauer, die eigene und die des anderen.

Bachmanns „Enigma"
- Textbild signalisiert radikalen Verzicht auf konventionelle Gedichtformen und Lyrikmuster – als gliederndes Moment dient variierte Wiederholung der Eingangszeile „Nichts mehr wird kommen" in Z. 6 (Leitmotiv), danach Selbstanrede mit einem Zitat (Z. 7/8), am Ende ein Satz, der in vier isolierten Einwortzeilen (Z. 9–12) das Gedicht stufenweise abschließt. Im Gegensatz zu Kästner und Maiwald verzichtet Bachmann auf jede tradierte Strukturordnung, schafft sich eine eigene.
- Das Gedicht setzt zu späterem Zeitpunkt ein als die vorigen: nach dem Zerbrechen der Liebe und nach der Trennung der Liebenden spricht es vom Überleben danach.
- Ein lyrisches Subjekt gibt sich nicht zu erkennen, flüchtet in die Anonymität, formuliert ohne Beschönigung die Verzweiflung, in die es durch den Liebesverlust geraten ist. Die Gedichtsprache ist schmucklos, unverbindlich hart und dominiert von negativen Formulierungen („nichts, nicht, niemand"). Diktion und Wortwahl lassen existenzielle Erschütterung des Ichs zu Wort kommen.
- Scheitern der Liebe wird in Bachmanns Gedicht als Lebenskatastrophe erlebt (das lässt sich auch von der Dichterin selbst sagen) – die Welt gerät aus den Fugen, metaphorisch umschrieben im globalen Verschwinden der freundlichen Jahreszeiten, in übertriebener Prognose eines ‚tausendjährigen Kalenders' und formuliert in der absoluten Negation: „Es wird nichts mehr kommen". Das Ende der Liebe gleicht dem Sterben, da gibt es keinen oder nur floskelhaften Trost aus Liedern (Z. 7f.). Eine denkbare Tröstung von Menschen oder irgendwoher gibt es nicht.

3. Aufgabe

Versuchen Sie das folgende Gedicht in sinnvolle Abschnitte zu gliedern und seine formalen Gestaltungsprinzipien zu beschreiben (Vers- und Strophenform, Reim, Rhythmus, Klangmittel).
Beachten Sie dabei auch die Formulierung der Eingangszeile „in einem großen Bogen"! Bilder von leicht schwebender Bewegung prägen den Gedichtinhalt. Charakterisieren Sie anhand dieser Bildgleichnisse das Wesen der Liebe, wie Brecht es hier zum Ausdruck bringt.
Skizzieren Sie in einem kurzen Vergleich mit C. F. Meyers „Zwei Segel" (S. 52) die Parallelen und Unterschiede im Liebesbegriff beider Gedichte.

Bertolt Brecht

Die Liebenden

Sieh jene Kraniche in großem Bogen!
Die Wolken, welche ihnen beigegeben
Zogen mit ihnen schon, als sie entflogen
Aus einem Leben in ein andres Leben.
5 In gleicher Höhe und mit gleicher Eile
Scheinen sie alle beide nur daneben.
Daß so der Kranich mit der Wolke teile
Den schönen Himmel, den sie kurz befliegen
Daß also keines länger hier verweile
10 Und keines andres sehe als das Wiegen
Des andern in dem Wind, den beide spüren
Die jetzt im Fluge beieinander liegen
So mag der Wind sie in das Nichts entführen
Wenn sie nur nicht vergehen und sich bleiben
15 So lange kann sie beide nichts berühren
So lange kann man sie von jedem Ort vertreiben
Wo Regen drohen oder Schüsse schallen.
So unter Sonn und Monds wenig verschiedenen
                                        Scheiben
Fliegen sie hin, einander ganz verfallen.
20 Wohin, ihr? – Nirgend hin. – Von wem davon? – Von
                                        allen.
Ihr fragt, wie lange sind sie schon beisammen?
Seit kurzem. – Und wann werden sie sich trennen? –
                                        Bald.
So scheint die Liebe Liebenden ein Halt.

Lösungsaspekte

Zusatzinformation
Der Text steht ursprünglich als dialogisches Lied in Brechts Oper *Aufstieg und Fall der Stadt Mahagonny* (1928/29) und wird dort im Wechselgesang von den Figuren Jenny und Paul vorgetragen. Um 1950 hat Brecht daraus ein isoliertes monologisches Gedicht mit dem Titel „Die Liebenden" geformt. Die Zeilen 6 und 24 werden in der Oper von beiden Personen gemeinsam gesungen.

Formale Gestaltung / Gliederung
- Reimschema (aba/bcb/cdc/ded) und weibliche Versausgänge bewirken unaufhaltsames Hinübergleiten von Zeile zu Zeile, so dass kaum Einschnitte entstehen (damit korrespondiert inhaltlich die Flugbewegung: ‚nicht verweilen') – zeilenübergreifender Satzbau unterstützt den Bewegungsfluss; fünfhebiger Jambus ermöglicht gleichförmig-harmonischen Rhythmus, der zusammen mit Klangbindungen (z. B. Häufung der -o- und -ei-Laute in Z. 1–6), Alliterationen und Wortwiederholungen musikalische Wirkung besitzt; ab Z. 20 wird der gleitende Rhythmus durch die Wechselrede zerbrochen.
- Versuch formaler Gliederung stößt auf Schwierigkeiten: keine Strophenabgrenzung, keine deutlichen Texteinschnitte. Z. 1 wirkt als Aufforderungssatz isoliert, ist aber durch Reimwörter „Zogen" und „entflogen" eng mit den folgenden vernetzt. Nach Z. 6 und 12 wegen des Reims leichte Zäsurwirkung, wird aber durch weiterführende „Daß so" (Z. 7) bzw. „So mag" (Z. 13) aufgehoben. Der Text zieht sich wie ein ‚großer Bogen' von Z. 1–19 hin (Teil I); Z. 20–23 durch eigenen Sprachduktus getrennt (Teil II); Z. 24 ein eigenständiges Resümee (Teil III) – „Halt" ist eine doppelsinnige Schlussformel.

Inhaltliche Textinterpretation
- Kranichflug, Wind und ziehende Wolken am „schönen Himmel" symbolisieren Leichtigkeit, Freiheit von aller Erdenschwere, Bewegung, Leben in einer ‚höheren' Welt – Kraniche und Wolken werden gleichgesetzt (Z. 2–9), das ist positiv (schwereloses Ziehen am Himmel) und als Vorwarnung negativ zu deuten (Vergänglichkeit: „kurz befliegen" – „in das Nichts") – die Kraniche sind ein Paar, verweisen auf Liebe – das himmlische Glück der Zusammengehörigkeit in völliger Harmonie kennzeichnet ihr Dasein, macht sie unverwundbar gegen alles (Z. 14 f.), selbst gegen den Tod (Z. 17) – Z. 12 enthält auch eine erotische Anspielung „beieinander liegen" im „Bett der Wolken" (Wapnewski) – das Vergehen der Zeit, symbolisiert durch ‚Sonne und Mond' / Tag und Nacht (Z. 18) nehmen sie nicht zur Kenntnis – Z. 19 formuliert die existenzielle Ausnahmesituation der

Liebenden: „einander ganz verfallen" – das alles ist überirdisch unwirklich und ohne Absicht und Ziel: sie fliegen „Nirgend hin" (Z. 21), wollen nur allein sein, fern von den Menschen, so ist Liebe.
- Im Symbolbild vom ‚Bogen', der auf die Erde zurückweist, und in der Formel ‚kurz' deutet der Text das Ende an, von der die Schlusszeilen sprechen. Solch ein außerordentliches Liebesgefühl (getragen vom Wind – ohne Boden unter den Füßen) kann nur von kurzer Dauer sein – es wird bei den Kranichen durch natürliche Trennung enden; vielleicht auch das ein Glück: So verkommt die Liebe nicht zum banalen Alltagsgeschehen. Die Schlusswendung wirkt mit ‚scheinen' eher resignativ; das einmalige Erlebnis kann keinen dauerhaften Lebens-Halt bieten.

Vergleich mit C. F. Meyers „Zwei Segel"
Auch hier ein Bildvergleich: zwei Segelboote, die das Liebespaar symbolisieren – auch hier harmonische Bewegungen, die auf vollkommene Übereinstimmung verweisen – auch hier der Wind als dynamisches (überirdisches) Element – aber: die Liebesbeziehung wird, im Gegensatz zu Brecht, nicht auf ihr Ende hin gedacht, sondern erscheint als dauerhaft (im ‚Hafen der Ehe'?) – die Beständigkeit beruht vielleicht darauf, dass die Beziehung wirklichkeitsnäher (Realismus!) aufgefasst wird.

4. Aufgabe

Hugo von Hofmannsthal

Dein Antlitz war mit Träumen ganz beladen

Dein Antlitz war mit Träumen ganz beladen.
Ich schwieg und sah dich an mit stummem Beben.
Wie stieg das auf! Daß ich mich einmal schon
In frühern Nächten völlig hingegeben

5 Dem Mond und dem zuviel geliebten Tal,
Wo auf den leeren Hängen auseinander
Die magern Bäume standen und dazwischen
Die niedern kleinen Nebelwolken gingen

Und durch die Stille hin die immer frischen
10 Und immer fremden silberweißen Wasser
Der Fluß hinrauschen ließ – wie stieg das auf!

Wie stieg das auf! Denn allen diesen Dingen
Und ihrer Schönheit – die unfruchtbar war –
Hingab ich mich in großer Sehnsucht ganz,
15 Wie jetzt für das Anschaun von deinem Haar
Und zwischen Deinen Lidern diesen Glanz!

(1896)

Rainer Maria Rilke

Die Liebende

Ja ich sehne mich nach dir. Ich gleite
mich verlierend selbst mir aus der Hand,
ohne Hoffnung, daß ich Das bestreite,
was zu mir kommt wie aus deiner Seite
5 ernst und unbeirrt und unverwandt.

… jene Zeiten: O wie war ich Eines,
nichts was rief und nichts was mich verriet;
meine Stille war wie eines Steines,
über den der Bach sein Murmeln zieht.

10 Aber jetzt in diesen Frühlingswochen
hat mich etwas langsam abgebrochen
von dem unbewußten dunkeln Jahr.
Etwas hat mein armes warmes Leben
irgendeinem in die Hand gegeben,
15 der nicht weiß was ich noch gestern war.

(1907)

Interpretieren Sie das Gedicht von Hofmannsthal, indem sie den Text hinsichtlich der Strophenbildung, Reimabfolge und der inhaltlich-sytaktischen Sinnabschnitte gliedern. Berücksichtigen Sie dabei die strukturierende Funktion der Formel „Wie stieg das auf!" und die Rahmenbildung der Zeilen 1f. und 15f.

Untersuchen Sie die indirekte (umschreibende) Gestaltungsweise des Liebesmotivs bei Hofmannsthal und ziehen Sie dazu auch sein Gedicht „Die Beiden" heran (S. 44). Was erfahren wir von den Gefühlen der lyrischen Figuren und wie erfahren wir es?

Vergleichen Sie kurz die wichtigsten Bild- und Motivähnlichkeiten der Rilke-Gedichte „Die Liebende" und „Liebes-Lied" (S. 48).

Lösungsaspekte

Strukturanalyse des Gedichts

- Unterschiedlicher Umfang der vier Strophen signalisiert äußerlich durch unsymmetrischen Bau ein Ungleichgewicht der Textteile – Analyse der beiden Binnenstrophen zeigt, dass sie zusammengehören: Z. 8 geht zwanglos zu Z. 9, also zur 3. Strophe hinüber, vor allem sind Strophe 2 und 3 durch den Reim („dazwischen" – „frischen") enger verknüpft, auch inhaltlich durch die Naturthematik. Der rhythmische Sprachfluss geht von Z. 3 bis 11 ohne Zäsuren über die Versgrenzen hinaus, die Zeilen bestehen syntaktisch aus einem Komplex – man könnte die Strophen 2 und 3 zu einer zusammenziehen – der Dichter will das nicht, wünscht einen Zwischenraum (Besinnungspause?, Perspektivenwechsel vom Optischen zum Akustischen?) – Strophe 4 ist durch Reimwort „Dingen" (Z. 12) mit Strophe 2 („gingen") verknüpft, eng auch mit Strophe 3 durch direkte Wiederholung der Formel „Wie stieg das auf!"

- Die Formel steht auch in Strophe 1, bildet eine Art seelisches Leitmotiv, kann auch als Gliederungselement dienen. Z. 1f. steht für sich, spricht von der Begegnung mit dem Du, Z. 3–11 schildern die liebende Hinwendung zur Natur, schließen mit „Wie stieg das auf!" – dem dritten Ausruf schließt sich in Z. 12–14 das Resümee aus der Naturhingabe an, die Schlusszeilen 15f. wenden sich wieder der Frau zu. So ergibt sich eine neue Struktur, die nicht mit den Strophengrenzen zusammenfällt.

- Das Gedicht beginnt mit dem Anblick der Frau („Dein Antlitz"), und es endet damit („das Anschaun") – das Ich spricht temporal aus der Gegenwart („jetzt") in Z. 15 – das weist zurück auf vergangenes Erleben („in frühern Nächten") zu Z. 4 – so entsteht eine Rahmenform, die dem Text Geschlossenheit gibt.

Inhaltliche Interpretation des Liebesverständnisses
- Empfindungen der Figuren werden nur indirekt angedeutet: Träume der Frau – Beben des Mannes, es wird nicht gesprochen (stumm, schwieg), daraus erschließt der Leser die emotionale Ergriffenheit – auch am Schluss herrscht schweigendes Anschauen (das Haar, Glanz der Augen) – „Wie stieg das auf!" umschreibt das Aufbrechen nicht beherrschbarer Emotionen, von denen das Ich erinnernd berichtet, auf die das Ich reagiert.
- Liebe ist Selbsthingabe, der Mann schreckt davor zurück, ‚flieht' in die Natur, ihr gibt er sich hin, dort aber spricht er von Liebe (Z. 5) und großer Sehnsucht – aber Hingabe an die Schönheiten der Natur bringt keine Erfüllung (‚unfruchtbar'), Fliehen ist erfolglos – am Ende wird die frühere Sehnsucht an die Frau wieder lebendig – sie erschöpft sich aber im Anblick ihrer schönen Haare, dem Glanz ihrer Augen (einem ästhetischen Erlebnis) – Gegenstand der Hingabe ist, wie in der Natur, das Schöne – die Frage der existenziellen Liebeserfüllung bleibt offen.

Vergleich mit dem Gedicht „Die Beiden"
Auch hier wird inneres Erleben sprachlos durch äußere Gesten, Gang und Gebärden vermittelt: „beide bebten", das Verschütten des Weins signalisiert Erschütterung – das schöne Gesicht der Frau wird der Schönheit des Bechers verglichen – die innere Spannung des Mannes wird durch das Bezähmen des Pferdes veranschaulicht, der Dichter verwandelt so das Erotische ins Ästhetische, Liebe wird zu einem Erlebnis des Schönen, das mit der ‚verheimlichten' inneren Aufgewühltheit im Widerstreit liegt – so lässt sich Distanz zur seelischen Bedrohung herstellen.

Motivvergleich mit Rilkes Gedichten

„Die Liebende"
Zentralmotiv bei Rilke ist die Spannung zwischen Selbsthingabe und Selbstbewahrung – vor der Begegnung mit dem Du war das lyrische Ich mit sich selbst im Einklang, war ungefährdet, aber auch unlebendig, isoliert in der stummen Natur (2. Strophe) – dann Einbruch der Liebessehnsucht, das bringt Gefährdung (sein Leben aus der Hand geben, Z. 14) – bei Hofmannsthal folgt der Rückzug in die Natur – bei Rilke kann die Liebende ihrem Gefühl nicht widerstehen, wenngleich sie das möchte (Z. 3 f.) – Liebe bringt auch Neubelebung (Befreiung aus Dumpfheit und Dunkelheit, Z. 12) – Urheber der Liebe ist bei Rilke eine höhere Macht („Etwas", Z. 13), Liebe ist Schicksalsgeschehen.

„Liebes-Lied"
Im „Liebes-Lied" formuliert das lyrische Ich den unbedingten Wunsch nach Selbstbewahrung – es möchte ins Dunkle, Fremde, Stille fliehen (Z. 5 f.), wo die ‚Liebende' auch war – aber die Entscheidungsfreiheit ist ihm ebenfalls durch die rätselhafte höhere Macht genommen – erfüllte Liebe realisiert sich im „Liebes-Lied" als vollendete Harmonie wie in der Musik – Rilkes Kunstvergleich verweist auf das Kunstschöne – Liebe wird wie bei Hofmannsthal in den Bereich des Ästhetischen verlagert.

In den Gedichten bleiben die erotisch-sinnlichen Komponenten der Liebe ausgespart, Liebe wird der alltäglichen Wirklichkeit entzogen, Liebeserfüllung wird nicht ernsthaft erwogen, eher ängstlich vermieden. Liebe wird veredelt und ins Schöne stilisiert – die Liebeslyrik ist entsprechend antirealistisch, oft in einer Traum- und Kunstwelt angesiedelt.

5. Aufgabe

In Heines Sammlung *Buch der Lieder* (1823) steht das Liebes-Motiv der im Zentrum der meisten Gedichte. Es wird auf unterschiedliche, oft gegensätzliche Weise gestaltet, wofür die beiden folgenden Texte als Beispiele dienen können.

Heinrich Heine

Sie saßen und tranken am Teetisch

Sie saßen und tranken am Teetisch,
Und sprachen von Liebe viel.
Die Herren, die waren ästhetisch,
Die Damen von zartem Gefühl.

5 „Die Liebe muß sein platonisch",
Der dürre Hofrat sprach.
Die Hofrätin lächelt ironisch,
Und dennoch seufzet sie: „Ach!"

Der Domherr öffnet den Mund weit
10 „Die Liebe sei nicht zu roh,
Sie schadet sonst der Gesundheit."
Das Fräulein lispelt: „Wieso?"

Die Gräfin spricht wehmütig:
„Die Liebe ist eine Passion!"
15 Und präsentieret gütig
Die Tasse dem Herren Baron.

Am Tische war noch ein Plätzchen;
Mein Liebchen, da hast du gefehlt.
Du hättest so hübsch mein Schätzchen,
20 Von deiner Liebe erzählt.

Erläuterungen

Z. 6 **Hofrat**: ursprünglich beratender Beamter am österreichischen Hof – dann Ehrentitel für gehobene Beamte

Z. 9 **Domherr**: Mitglied des katholischen Domkapitels der Bischofskirchen – auch beratend beim Bischof

Z. 14 **Passion**: doppeldeutiger Sinn als Leidenschaft oder Leidensgeschichte

Mit deinen blauen Augen

Mit deinen blauen Augen
Siehst du mich lieblich an,
Da wird mir so träumend zu Sinne,
Daß ich nicht sprechen kann.

5 An deine blauen Augen
Gedenk ich allerwärts; –
Ein Meer von blauen Gedanken
Ergießt sich über mein Herz.

Herbert Marcuse bemerkt einmal, dass es keinen „soziologischen Wälzer" oder „dreibändigen Roman" gäbe, der diesen „Bezirk der deutschen Gesellschaft seiner Zeit dichter abgebildet" habe als „Am Teetisch".
Beschreiben Sie die Personenkonstellation in Heines Gedicht und die Auffassung der Figuren von der Liebe, wobei Sie auch deren gesellschaftliche Stellung berücksichtigen sollten. Skizzieren Sie die von Marcuse angesprochenen gesellschaftskritischen Aspekte des Gedichts. Welche Unterschiede in der Einstellung zur Liebe lassen sich möglicherweise zwischen den Herren und Damen benennen?
Mit welchen Mitteln macht sich der Autor über seine Figuren und deren Meinungen lustig? Beachten Sie dabei auch die Reimkombinationen.
Die letzte Strophe deutet eine andere Gefühlsqualität von Liebe an (Z. 19 f.). Von dieser spricht Heine im Gedicht „Mit deinen blauen Augen". Charakterisieren Sie in einem kurzen Textvergleich den fundamentalen Gegensatz im Liebesverständnis zu dem ersten Gedicht.

Lösungsaspekte

- Gesprächsrunde aus drei Herren und drei Damen – das lyrische Ich als fiktiver Berichterstatter vor allem in den Strophen 1 und 5 hervortretend – Tee-Zeremonie deutet auf vornehme Kreise, erlesene Salonatmosphäre – Anwesende entstammen dem Adel, gehobenen Bürgertum und Klerus.
- Eingangsstrophe schafft gekünstelte, unnatürliche Ausgangskonstellation (Stichwort: „ästhetisch").
- Deformation des Liebes-Begriffs: Verknöcherter Beamter („dürrer Hofrat") verneint erotisch-sinnliche Momente (Stichwort: „platonisch"), über das Warum kann der Leser spekulieren – Ablehnung der Sexualität durch den Domherrn, seltsame ästhetische („roh") und medizinische Begründung (denkt er an Syphilis?) – weder das Erotische noch Gefühlsschwärmerei als Hauptkomponenten der Liebe finden Anerkennung – die Männer haben Liebe nicht erlebt.

- Verfechter dieser Auffassung entstammen höheren gesellschaftlichen Schichten: das impliziert sozialkritische Absichten des Autors – gegen unnatürlich-dekadente Lebensform höherer Kreise, die naturhafte Liebe nicht gelten lassen, sich schöngeistig-feinsinnig geben – Teetrinken und geistvolles Plaudern wird zur Metapher für blutlose Kunstwelt.
- Unterschied zu den Herren bei weiblichen Teilnehmern der Runde: 1) Die Hofrätin belächelt ihren Mann ironisch (Z. 7), glaubt nicht an seinen ‚Platonismus', der Rechtfertigung für erotisches Unvermögen sein könnte (Ach-Seufzer signalisiert Enttäuschung) – dass sie schweigt, mag als „zartes Gefühl" gelten (Z. 4); 2) zartfühlend ist auch das Fräulein, als sie dem Domherrn nicht widerspricht; 3) nur die Gräfin formuliert ihre Meinung, charakterisiert Liebe als „Passion", als (nicht erlebte) Leidenschaft oder Leidensgeschichte – dass sie dem Baron „gütig" Tee reicht, spricht für ihr ‚zartes Mitgefühl' mit den unzulänglichen Männern.
- Die weiblichen Reaktionen entlarven die Herren und ihren Eifer als unglaubwürdig, machen sie insgesamt lächerlich – dazu knappe Charakteristika des berichtenden Ichs: „dürr" ist der Hofrat äußerlich und auch geistig-seelisch – der Domherr ist ‚weiter Mund', der Leser assoziiert Predigt-Eifer, Fischmaul, den gierigen Esser – Z. 3 nennt Herren „ästhetisch" (Ironie!), davon bleibt nicht viel.
- Zur Lächerlichkeit tragen auch sprechende Reime bei – „ästhetisch" reimt mit „Teetisch", das bewirkt eine Banalisierung des Schönheitsbegriffs – Reimverbindung „platonisch"/„ironisch' kennzeichnet die Unglaubhaftigkeit dieser Liebesauffassung – der witzige Reim „Mund weit" / „Gesundheit" hat humoristischen Effekt.
- Bruch erfolgt in Strophe 5 – Änderung der Redehaltung, das Ich tritt in den Mittelpunkt, spricht von sich selbst, seiner Liebsten und tatsächlich erlebter Liebe – die Leser mögen erraten, was das „Schätzchen" als Gesprächsteilnehmerin zu berichten wüsste.
- Darüber kann beispielsweise das Gedicht „Mit deinen blauen Augen" Aufschluss geben: Liebe als existenzerschütternde Macht, verändert das Denken und Fühlen, reißt den Liebenden aus der Wirklichkeit in eine Traumwelt (Z. 3), verschlägt ihm die Sprache (Z. 4), verschüttet ihm die Gedanken (Z. 7) – positive Sinneserlebnisse des Ichs durch Farbeindrücke (‚blau' als Himmelsfarbe) und liebliches Anschauen der blauen Augen – der Teegesellschaft wird man das Grau zuordnen – irrationale Gefühlswelt des Gedichts wird veranschaulicht im mehrdeutigen Schlussbild: „blaue Gedanken", also Glück verheißende ‚Himmelsgedanken', die das Ich denkt; sie spiegeln sich im Meer wie sich sonst der Himmel im Meer spiegelt; die Gedanken werden selbst wie ein Meer, das sich über das liebende Herz ergießt (Z. 7 f.) – so ‚verrückt' wie diese Bilder kann Liebe sein, wovon die Teilnehmer der Teerunde nichts ahnen.

6. Aufgabe

Joseph von Eichendorff

Das zerbrochene Ringlein

In einem kühlen Grunde
Da geht ein Mühlenrad,
Mein Liebste ist verschwunden,
Die dort gewohnet hat.

5 Sie hat mir Treu versprochen,
Gab mir ein'n Ring dabei,
Sie hat die Treu gebrochen,
Mein Ringlein sprang entzwei.

Ich möcht als Spielmann reisen
10 Weit in die Welt hinaus,
Und singen meine Weisen,
Und gehn von Haus zu Haus.

Ich möcht als Reiter fliegen
Wohl in die blutge Schlacht,
15 Um stille Feuer liegen
Im Feld bei dunkler Nacht.

Hör ich das Mühlrad gehen:
Ich weiß nicht, was ich will –
Ich möcht am liebsten sterben,
20 Da wärs auf einmal still!
(1810/11)

Eduard Mörike

Das verlassene Mägdlein

Früh, wann die Hähne krähn,
Eh die Sternlein verschwinden,
Muß ich am Herde stehn,
Muß Feuer zünden.

5 Schön ist der Flammen Schein,
Es springen die Funken;
Ich schaue so drein,
In Leid versunken.

>   Plötzlich, da kommt es mir,
> 10 Treuloser Knabe,
>   Daß ich die Nacht von Dir
>   Geträumet habe.
>
>   Träne auf Träne dann
>   Stürzet hernieder;
> 15 So kommt der Tag heran –
>   O ging' er wieder!
>   (1829)

Die erste und dritte Strophe eines berühmten Heine-Gedichts lauten:

> Ein Jüngling liebt ein Mädchen,
> Die hat einen andern erwählt;
> Der andre liebt eine andre,
> Und hat sich mit dieser vermählt.
> […]
>
> Es ist eine alte Geschichte,
> Doch bleibt sie immer neu;
> Und wem sie just passieret,
> Dem bricht das Herz entzwei.

Heine spricht hier mit ironischem Unterton von Untreue und Liebesleid, die er selbst bitter erfahren hat. In den beiden Gedichten von Eichendorff und Mörike wird dasselbe Thema anders entfaltet, und für beide Dichter gilt, dass auch sie in ihren poetischen Texten eigene Lebens- und Liebeserfahrungen verarbeiten.

Beschreiben Sie an den beiden romantischen Texten, wie die Gedicht-Figuren mit der „alten Geschichte" der Liebesenttäuschung umgehen.

Erläutern sie die Übereinstimmungen und Unterschiede in der Situation, den Empfindungen im Verhalten der Figuren.

Erörtern Sie zugleich die zentralen Bildmotive und ihre Funktion in den beiden Gedichten.

Lösungsaspekte

Beiden Gedichten gemeinsam ist das thematische Ausgangsmotiv der Treulosigkeit – bei Eichendorff: „Treu versprochen […] Treu gebrochen" (Z. 5–7) – bei Mörike: „Treuloser Knabe" (Z. 10); beide Gedichtfiguren, hier der junge Mann, dort das Mädchen, sprechen aus der Einsamkeit über ihrem Schmerz, mit dem sie nach dem Verlust leben müssen. Verschieden sind die äußeren Bedingungen der beiden, in ihrer inneren Haltung und ihren Reaktionen gibt es Parallelen und Unterschiede.

„Das zerbrochene Ringlein"
- Das männliche Ich berichtet von der Vorgeschichte im Perfekt (Strophe 1 und 2) – es versucht seinen Schmerz zu verdrängen bzw. zu vergessen – erwägt dazu zwei Möglichkeiten: 1) als Sänger in die Welt zu ziehen und seine Erlebnisse in Liedern weiterzugeben (vielleicht: Verarbeitung des Leids durch Kunst); oder 2) als Soldat zu kämpfen („blutge Schlacht" – Befreiung vom Leid durch den Kriegstod – „still" und „dunkel" wünscht es sich seinen Aufenthalt (Z. 15 f.).
- Für das lyrische Ich ist der Ort des Liebesglücks verknüpft mit dem Mühlrad, ein abgeschiedener idyllischer Raum – Strophe 5 nimmt das Bildmotiv wieder auf: Das Mühlrad wird zum Sinnbild der qualvollen Erinnerung – es dreht sich immer weiter, im Gegensatz zur Liebe, die aufgehört hat (dazu gehört das traditionelle Bild vom zerbrochenen Ring in Strophe 2) – das Rauschen der Mühle ruft das Geschehene immer wieder wach – Strophe 5 (Z. 18) weist zurück auf die Bewältigungs-Motive in Strophe 3 und 4: „Ich weiß nicht, was ich will – " hebt die Wünsche „Ich möcht als Spielmann reisen" und „Ich möcht als Reiter fliegen" wieder auf – soll heißen: Das sind keine Möglichkeiten, um der Erinnerung zu entkommen – Z. 19 „Ich möcht am liebsten sterben" formuliert den einzigen Ausweg; das Gedicht sagt nicht: um das Leid zu vergessen, sondern umschreibt die Empfindungen des Ichs mit dem Symbolbild, nämlich das Mühlrad nicht mehr hören zu müssen: „Da wärs auf einmal still!", was aber den Tod meint.

„Das verlassene Mägdlein"
- Mörikes lyrisches Ich gibt keinen Vorbericht, es erinnert sich nicht, findet sich in einer aktuellen Zeit- und Handlungssituation vor: in der Frühe vor Tagesanbruch – das Mädchen muss niedrige Arbeit verrichten, die beiden „Muß"-Zeilen 3 f. (anaphorisch verstärkend) deuten an, dass es sich um eine Dienstmagd handeln mag – eine Verarbeitungsmöglichkeit ihres Leids ähnlich wie bei Eichendorff kommt für sie nicht in Betracht, sie muss sich ihrer traurigen Wirklichkeit stellen.
- Handlungszeit ist im Mörike-Gedicht wichtiger als der Ort, daher zeitsymbolische Anspielungen: Die Nacht bedeutet die Zeitspanne des Glücks (dazu gehören auch die freundlichen „Sternlein") – das Anbrechen des Tages bringt Arbeit und Missklang („die Hähne krähn" klingt lautlich quälend) – Z. 11 f. nimmt das positive Nacht-Motiv wieder auf: Das Mädchen erinnert sich an einen nächtlichen Traum mit ihrem treulosen Liebsten, sicher ein Glückstraum, denn sie weint daraufhin bitterlich – die Schlusszeilen verkünden das Kommen des Tages, dazu den verzweifelten Wunschausruf des Mägdleins: „O ging er wieder!"

- Bedeutsam ist der Bildbereich des Feuers (Z. 4–6). Der Leser assoziiert positive Vorstellungen von Wärme und Licht, das Mädchen nennt die Flammen „schön" – es schaut selbstvergessen und voller Leid hinein, eigentlich ruhig und gelassen (im Gegensatz zum lyrischen Ich bei Eichendorff) – Feuer besitzt auch symbolische Konnotationen zu Liebe (Liebesglut, Leidenschaft entzünden usw.), das Hineinschauen ins Feuer initiiert beim Mädchen die Erinnerung an den Traum von Liebe.
- Gedichtschlüsse bei Eichendorff und bei Mörike besitzen ähnliche Tendenz: Beide Schlusswendungen sind im Optativ formuliert, sprechen von dem, was die Figuren sich wünschen. Eichendorffs lyrisches Ich formuliert den Todeswunsch wörtlich (Z. 19) – Mörikes Gedicht-Ich spricht davon nur indirekt: Es wünscht den Tag fort, will, dass es Nacht bleibt; das bedeutet aber ohne den Liebsten auch eine Form von Tod.

Volksliedstil und Sprachgestalt
- Beide Gedichte gehören aufgrund der Struktur, Sprache und Motivwahl in die Tradition des romantischen Kunst-Volkslieds, sind aber in ihrer formalen Gestalt und Wirkung sehr unterschiedlich.
- Eichendorff wählt die vierzeilige Strophe mit dreihebigen Jambenversen und Kreuzreim sowie abwechselnd weiblich-männlichem Versausgang – ausgesprochen liedhafter Gesangscharakter – gleichmäßig fließender Rhythmus mit bindenden Zeilensprüngen – Wortwiederholung von Zeilenanfängen (Z. 5/7 – Z. 9/12/19) und syntaktische Parallelen – gleichmäßig harmonischer Gesamteindruck. Ausnahme bildet die Schlussstrophe: vier Zeilen mit betonter Zäsur am Versende, besonders Z. 18 mit Gedankenstrich und zögernder Pause signalisiert Scheu vorm Aussprechen des Todeswunsches – Z. 17 und 19 besitzen einen Halbreim (Assonanz): „gehen – sterben", der unterschwellig eine Dissonanz anzeigt, die den Gefühlsbereich beherrscht.
- Verglichen mit Eichendorffs Lied wirken Mörikes Verse im „Verlassenen Mägdlein" holprig und stockend – die Zeilen sind zwei- bzw. dreihebig mit wechselnder Anzahl von Senkungen, eher unregelmäßig, hart gliedernd – die einzelnen Gedichtzeilen stehen streng isoliert, meist ohne fortführende Versbindung – besonders in den Strophen 1 und 2 geht vom Zeilenstil eine strikte Vereinzelung der Wirklichkeitselemente aus, kein rhythmisches Fließen, mit Ausnahme von Z. 11 f. (Enjambement), der erinnerte Glückstraum vom Liebsten. Der harmonische Zusammenhang von Ich und Welt ist weitgehend zerfallen – das spiegelt der Rhythmus.

7. Aufgabe

Goethes Gedicht „Kleine Blumen, kleine Blätter" markiert einen exemplarischen Höhepunkt der anakreontischen Lyrik und zugleich ihren Wendepunkt. Das Gedicht besitzt zahlreiche Stil- und Gedankenparallelen, aber auch Unterschiede zu Klopstocks „Das Rosenband" (S. 106), das zum Vergleich herangezogen werden soll.

Charakterisieren Sie kurz die wichtigsten formalen Strukturelemente der Gedichte von Goethe und Klopstock (Vers, Strophe, Reim, Rhythmus) und benennen Sie die Unterschiede.

Interpretieren Sie die Gedichte unter dem Aspekt der thematischen Übereinstimmungen und Motivparallelen (Ort, Zeit, Rosenband-Metaphorik, Beziehung zwischen den Figuren, Liebesauffassung).

In der 2. Strophe von „Kleine Blumen" findet sich die Metapher vom Wind als dem hilfreichen Liebesboten Zephyr. Goethe benutzt diese Wind-Symbolik ausgiebig im Suleika-Gedicht des *West-östlichen Divan*. Beschreiben Sie die wichtigsten Bedeutungsinhalte dieser Symbolik in „Suleika".

Johann Wolfgang von Goethe

Mit einem gemalten Band

Kleine Blumen, kleine Blätter
Streuen mir mit leichter Hand
Gute junge Frühlingsgötter
Tändelnd auf ein luftig Band.

5 Zephyr, nimm's auf deine Flügel,
Schling's um meiner Liebsten Kleid!
Und so tritt sie vor den Spiegel
All in ihrer Munterkeit.

Sieht mit Rosen sich umgeben,
10 Selbst wie eine Rose jung:
Einen Blick, geliebtes Leben!
Und ich bin belohnt genung.

Fühle, was dies Herz empfindet,
Reiche frei mir deine Hand,
15 Und das Band, das uns verbindet,
Sei kein schwaches Rosenband!
(1771)

Worterläuterungen
Z. 5 **Zephyr**: Personifizierung des sanften Westwindes
Z. 12 **genung**: alte Nebenform zu ‚genug' (nicht von Goethe geprägt)

Suleika

Was bedeutet die Bewegung?
Bringt der Ost mir frohe Kunde?
Seiner Schwingen frische Regung
Kühlt des Herzens tiefe Wunde.

5 Kosend spielt er mit dem Staube,
Jagt ihn auf in leichten Wölkchen,
Treibt zur sichern Rebenlaube
Der Insekten frohes Völkchen.

Lindert sanft der Sonne Glühen,
10 Kühlt auch mir die heißen Wangen,
Küßt die Reben noch im Fliehen,
Die auf Feld und Hügel prangen.

Und mir bringt sein leises Flüstern
Von dem Freunde tausend Grüße;
15 Eh noch diese Hügel düstern,
Grüßen mich wohl tausend Küsse.

Und so kannst du weiter ziehen!
Diene Freunden und Betrübten.
Dort, wo hohe Mauern glühen,
20 Find' ich bald den Vielgeliebten.

Ach, die wahre Herzenskunde,
Liebeshauch, erfrischtes Leben
Wird mir nur aus seinem Munde,
Kann mir nur sein Atem geben.

(1815)

Zusatzinformationen

Beide Goethe-Gedichte stehen im Kontext eines persönlichen Liebeserlebnisses. „Kleine Blumen, kleine Blätter" gehört zu den Sesenheimer Liedern aus der Straßburger Zeit und ist an Friederike Brion gerichtet. Die bemalten Bänder sind damals als Liebeszeichen in Mode und dienen als kleine Geschenke für die Geliebte. Klopstocks „Das Rosenband" erschien 1775 – Goethe kann es 1771 nicht gekannt haben.

Suleika ist die weibliche Hauptgestalt des *West-östlichen Divan*. Sie singt dieses Sehnsuchtslied während einer Trennung von ihrem Geliebten Hatem. In den Suleika-Liedern des Zyklus spiegelt sich, poetisch verschleiert, auch die Zuneigung zwischen dem fünfundsechzigjährigen Goethe und der Frankfurter Bankiersgattin Marianne von Willemer in den Jahren 1814/15.

Lösungsaspekte

Versform, Strophen, Rhythmus und seine Wirkung

- Vierzeilige Volksliedstrophe mit vierhebig-trochäischem Vers, unkompliziert schlichte Form, durch rhythmische Variationen abwechslungsreich und kunstvoll belebt – akustische Klangbindung erhöht die Musikalität der Zeilen, z. B. durch Häufung der ei- und i-Vokale und der Wörter mit l-Klang (Liquide) in Strophe 1 und 2. Auftaktlose Trochäen und Zeilensprünge bewirken vorwärtsdrängende Bewegung – Übergänge zwischen den Strophen vollziehen sich trotz syntaktischem Abschluss ungehemmt – hohes Sprechtempo suggeriert innere Bewegtheit des Liebenden (erlebendes Ich) – der akzentuiert fließende Rhythmus (leicht hüpfend) entspricht der lebhaften Stimmung eines verliebten Jugendlichen (Goethe ist damals 22 Jahre alt).
- Klopstocks dreizeilige Strophen mit vierhebig jambischen Versen wirken ruhiger, das sprechende Ich formuliert ohne innere Aufregung, eher berichtend als erlebend – Zäsuren hemmen den gelassenen Sprachfluss (Z. 3, 4, 6, 10). Dreizeilige Strophenblöcke bewirken kurzfristigeren Stillstand und kräftige Pausen, sorgen für besonnenes Lesen; rhetorische Verknüpfung zwischen beiden Gedichtgestalten durch das Wortspiel in Strophe 2 und 4 verlangt reflexive Aufmerksamkeit. Gleichmäßiger Rhythmus, moderates Sprechtempo korrespondieren der ruhigen, innigen Empfindung des lyrischen Ichs (Klopstock schreibt das Gedicht mit 50 Jahren).

Motivparallelen (Ort, Zeit, Rosenband-Metapher, Kommunikation, Liebesbegriff)

- In beiden Gedichten Wirklichkeitsferne als Ausgangssituation: bei Klopstock idyllische Naturszene im Stil der Anakreontik, schattiger Hain (*locus amoenus*) mit schlafendem Mädchen – bei Goethe das irreale Verfertigen und Überbringen der Rosenbänder mit Hilfe der Liebesgötter.
- Beide Gedichte wählen traditionelle Liebeszeit des Frühlings, formulieren keine Zeitangabe, sondern drücken durch Metaphern die Glücksfülle der Jahreszeit aus.
- Beide Gedichte weisen im Titel auf das Rosenband, eine Zentralmetapher mit mehrfacher Bedeutung: Das Band soll schmücken und binden (äußerlich und innerlich) – bei Klopstock führt das Gedicht-Subjekt das Binden der Liebsten aus, bei Goethe beauftragt das Ich den personifizierten Westwind mit dieser Aufgabe: Durch Mitwirken höherer Naturkräfte bekommt die Liebesbeziehung einen übernatürlichen Zug – im Unterschied zu Klopstock entfaltet Goethe die Rosenband-Metaphorik weiter: Das Band ist „luftig" mit Bezug zum Zephir, ist „schwach" im Hinblick auf die Dauer der Liebe, es zeigt aufgemalte Rosen (Blumen der Liebe)

und evoziert den Rosenvergleich mit der Geliebten (häufiger Topos der Liebeslyrik): Schönheit und Natürlichkeit.
- In beiden Gedichten kulminiert das Geschehen im Anblicken, bei Klopstock im wechselseitigen Blick, bei Goethe in der Bitte um einen Blick (Z. 11) – fundamentaler Unterschied: Klopstocks Gedichtfiguren sind gemeinsam vorhanden, bei Goethe ist der Liebende allein, Anschauen nicht möglich – in beiden Gedichten gewährt Blick höchste Erfüllung, dient als Sinnbild der Liebeskommunikation – ein Dialog zwischen den Liebenden findet nicht statt, das lyrische Ich bei Klopstock ist „sprachlos", sein Gedicht schließt mit dem Wechselblick ab: Naturszene verwandelt sich ins „Elysium", den mythisch-antiken Ort der Seligen fern der Realität. Goethes Gedicht weist über die Textgrenze hinaus in eine fiktive Zukunft.
- Die Strophen 1–3 des Goethe-Gedichts anakreontisch geprägt, stimmen mit Klopstocks „Rosenband" in vielem überein: realitätsferne Situationen, heiter-schwerelose Atmosphäre (‚leicht, luftig, tändelnd, Flügel'), Geschehen als unernstes Spiel, bei Goethe musikalische Leichtigkeit der Sprache, optimistische Glückserwartung, bei Klopstock mit ernsthafterem Beiklang.
- Strophe 4 bringt neuen Ton – ab Z. 11 eine direkte Bittrede an die Geliebte: Z. 13 f. fordern zum Mitempfinden der Gefühle auf, bitten um Gegenliebe, bloße Belohnung durch den Blick (Z. 11 f.) war leere Formel – „Reiche frei mir deine Hand" formuliert Gleichrangigkeit der Partner und Freiheit der Entscheidung – die Frau nicht mehr Objekt der Liebe, sondern autonomes Subjekt. Wiederaufnahme der Rosenband-Symbolik (Z. 14 f.) drückt Sorge über die Unbeständigkeit der Liebe aus, enthält versteckte Forderung nach Treue – in Strophe 1 dient „luftig Band" dem tändelndem Spiel, in Strophe 4 soll das „Rosenband" feste Bindung gewährleisten.

Symbolbedeutungen des Windes im „Suleika"-Gedicht
- Ausgangssituation: Suleika ist getrennt vom geliebten Hatem, voller Sehnsucht nach ihm.
- Der „Ost"-Wind kommt als Liebesbote (Z. 2, 14–16) im Auftrag des Liebsten, so deutet Suleika sein Erscheinen.
- Er lindert den brennenden Liebeskummer, seelisch (Z. 4), auch körperlich: „Wangen" (Z. 10) – Parallelismus zwischen Naturvorgängen und menschlichem Empfinden (Strophe 3: „der Sonne Glühen" / „heiße Wangen" / „küßt die Reben"); er ist diskret, ‚flüstert' Suleika die intimen Grüße ins Ohr, wie der Geliebte.

- Wechsel der Redehaltung: direkte Anrede des Windes in Strophe 4 – die Tröstung durch den Wind ist zu Ende, er muss weiter – Suleikas Schmerz ist wenig gelindert, sie gehört zu den „Betrübten" (Z. 18), bleibt betrübt, wie Strophe 6 bestätigt.
- Schlussstrophe formuliert das Resümee, indem sie die Anfangsstrophe aufnimmt: Wirklichen Trost bringt nur das Wiedersehen mit dem Geliebten – der freundliche Wind ist bloß Ersatz.
- Versteckte (implizite) Symbolbedeutung: Wind ist flüchtiges Element, bedeutet Bewegung, Fliehen, Weiterziehen (Z. 1, 11, 17), symbolisiert das Unbeständige – Wind ‚spielt' mit den Dingen (Strophe 2). Anspielungen auf Unbeständigkeit der Liebe könnten hier untergründig anklingen – Suleika denkt aber nicht daran (Z. 19 f.), bleibt optimistisch.

8. Aufgabe

Interpretieren Sie die beiden Barockgedichte unter dem Aspekt der gemeinsamen Grundaussagen, Bildmotive und Redeabsichten des Gedichtsprechers. Charakterisieren Sie den Liebesbegriff dieser Gedichte. Vergleichen Sie die formale Gestaltung (Strophen- und Gedichtform) und beschreiben Sie deren Funktion für die Textaussage.

Martin Opitz

Lied   (Im Ton von „Ma belle je vous prie")

Ach Liebste, laß uns eilen
Wir haben Zeit:
Es schadet das Verweilen
Uns beiderseit.
5   Der schönen Schönheit Gaben
Fliehn Fuß für Fuß,
Daß alles, was wir haben,
Verschwinden muß.
Der Wangen Zier verbleichet,
10 Das Haar wird greis,
Der Äuglein Feuer weichet,
Die Flamm wird Eis.
Das Mündlein von Korallen
Wird ungestalt,
15 Die Händ als Schnee verfallen,
Und du wirst alt.
Drum laß uns jetzt genießen
Der Jugend Frucht,
Eh als wir folgen müssen
20 Der Jahre Flucht.
Wo du dich selber liebest,
So liebe mich,
Gib mir, daß, wann du gibest,
Verlier auch ich.

(1624)

Zusatzinformation

Der ursprüngliche Text wurde vom Vf. modernisiert; eine Stropheneinteilung ist von Opitz nicht vorgesehen worden. Die Überlieferung weist Abweichungen auf; die wichtigsten Varianten lauten: Z. 5 „edlen Schönheit" statt „schönen Schönheit" – Z. 11 „Augen" statt „Äuglein" – Z. 12 „Brunst" statt „Flamm".

Worterklärungen

[Titel] **Ma belle je vous prie**: (frz.) Bitte, meine Liebe
(wörtl.: ich bitte Sie, meine Schöne)
Z. 2   **Wir haben Zeit**: es ist die rechte Zeit
Z. 10 **greis**: grau
Z. 15 **als Schnee**: wie Schnee
Z. 19 **Eh als**: bevor
Z. 21 **wo**: sofern
Z. 23 **daß**: so dass

Christian Hoffmann von Hoffmannswaldau

Sonnet.
Vergänglichkeit der Schönheit

Es wird der bleiche tod mit seiner kalten hand
Dir endlich mit der zeit um deine brüste streichen/
Der liebliche corall der lippen wird verbleichen;
Der schultern warmer schnee wird werden kalter sand/
Der augen süsser blitz/ die kräffte deiner hand/
Für welchen solches fällt/ die werden zeitlich weichen/
Das haar/ das itzund kan des goldes glantz erreichen/
Tilgt endlich tag und jahr als ein gemeines band.
Der wohlgesetzte fuß/ die lieblichen gebärden/
Die werden theils zu staub/ theils nichts und nichtig werden/
Denn opffert keiner mehr der gottheit deiner pracht.
Diß und noch mehr als diß muß endlich untergehen/
Dein hertze kan allein zu aller zeit bestehen/
Dieweil es die natur aus diamant gemacht.

Vergänglichkeit der Schönheit

Es wird der bleiche Tod mit seiner kalten Hand
Dir endlich mit der Zeit um deine Brüste streichen,
Der liebliche Korall der Lippen wird verbleichen,
Der Schultern warmer Schnee wird werden kalter Sand.

5 Der Augen süßer Blitz, die Kräfte deiner Hand,
Für welchen solches fällt, die werden zeitlich weichen,
Das Haar, das itzund kann des Goldes Glanz erreichen,
Tilgt endlich Tag und Jahr als ein gemeines Band.

Der wohlgesetzte Fuß, die lieblichen Gebärden,
10 Die werden teils zu Staub, teils nichts und nichtig werden,
Denn keiner opfert mehr der Gottheit deiner Pracht.

Dies und noch mehr als dies muß endlich untergehen.
Dein Herze kann allein zu aller Zeit bestehen,
Dieweil es die Natur aus Diamant gemacht.

(um 1679)

Erläuterungen
Bei der vom Vf. modernisierten Version wurde die Stropheneinteilung hinzugefügt, da es sich um ein Sonett handelt. Die altertümliche Formulierung „itzund" für ‚jetzt' wurde aus metrischen Gründen beibehalten.
Z. 2 **endlich**: am Ende
Z. 5 **Blitz**: steht oft für Blick
Z. 6 **für"**: vor; **zeitlich**: mit der Zeit
Z. 8 **als ein gemeines Band**: wie ein gewöhnliches Haarband
Z. 11 **Denn**: dann

Lösungsaspekte

Thematische Hauptmotive und ihre Verbildlichung (Vanitas – Memento mori – Carpe diem)

- Beide Gedichte besitzen eine monologische Redesituation: männliches Ich wendet sich belehrend, bei Opitz auch mahnend, an ein weibliches Du: junge, schöne Frau – in Opitz' „Lied" bezieht sich der Ich-Sprecher mit ein („wir"- „uns"), formuliert eigene Wünsche und Interessen, bei Hoffmannswaldau bleibt er verborgen.
- Zentralmotiv beider Gedichte: die zerstörerische Macht der Zeit, Vergänglichkeit der irdischen Schönheit. Das wird demonstriert an körperlichen Reizen und ihrem Verfall, bei Opitz: „Wangen – Haar – Äuglein – Mündlein – Hände"; bei Hoffmannswaldau: „Brüste – Lippen – Schultern – Augen – Haar – Fuß – Gebärden".
- Beide benutzen zum Lob der Schönheit konventionelle Metaphern (Topoi) des Barock: ‚Feuer der Augen', ‚Korallen des Mundes', der ‚Augen Blitz', ‚Schnee der Schultern'. Jugendliches Leben und Vergehen werden mit dem Gegensatz von Metaphern der Kälte und Wärme, von farbenfrohen Bildern und Formeln des Verbleichens, Erkaltens, Zerschmelzens und (biblisch) des zu Staub- bzw. Sandwerdens veranschaulicht. Hoffmannswaldau benutzt viele Begriffswörter des Wortfeldes ‚Zeit' bzw. ‚Ende' (Z. 2, 6, 8, 12, 13).
- Resümee beider Gedichte: Alles muss am Ende untergehen („Memento mori") – dem steht gegenüber der Rat, die sinnlichen Freuden der Liebe rechtzeitig zu genießen („Carpe diem").

- Gradueller Unterschied: Opitz folgert „Du wirst alt" und hässlich; entsprechend bei Hoffmannswaldau, dass niemand die gealterte Frau attraktiv finden wird (Z. 11): das ‚Vanitas'- Motiv, das besagt: alle äußere Schönheit ist eitel, weil unbeständig und vergänglich. Aber Hoffmannswaldau droht rücksichtslos mit dem Sterben, setzt Todesmetaphern ein (Z. 1, 4, 10): das „Memento-mori"-Motiv (bedenke, dass du sterben wirst). Das tut Opitz in seinem Gedicht nicht.

Redeabsicht der Gedichtsprecher / Gedicht und Erlebniswirklichkeit / Liebesbegriff im Barock

- Opitz: Adressatin des lyrischen Ichs ist die Geliebte (Z. 1) – Einsicht in die Vergänglichkeit von Jugend und Schönheit begründet Aufforderung, das Liebesverlangen beizeiten zu genießen, die Gelegenheit nicht zu versäumen („Carpe-diem"-Motiv). Das lyrische Subjekt denkt bei der werbenden Überredung auch an sein eigenes Liebesverlangen, nicht egoistisch, sondern als wechselseitiges Geben und Nehmen (Z. 21–24).
- Hoffmannswaldau: Adressatin bleibt allgemein, individuelle Beziehung zum lyrischen Ich ist nicht erkennbar – Gedichtrede formuliert allgemeingültige Überzeugungen/Wahrheiten, die denen des Opitz-Gedicht gleichen – Aufforderungscharakter besitzt Hoffmannswaldaus Gedicht im Unterschied zu Opitz nicht.
- Irritierend ist der Schluss (Z. 13 f.): „Herz aus Diamant" verweist in positivem Sinn auf unzerstörbaren Edelstein, d. h. Gesinnung des Herzens als bleibendem Wert – der Bildvergleich kann aus negativer Sicht den Sinn von ‚kalt und hart' evozieren – dann wäre im Schluss die Aufforderung an das Mädchen versteckt, ihren Widerstand gegen den Liebhaber und die Sinnenfreude aufzugeben – manche Interpreten deuten das so, das Gedicht, isoliert betrachtet, lässt den Schluss kaum zu.
- Barockdichter thematisieren nicht subjektiv-persönliche Erlebnisse – ihre Liebesdichtung dient dem künstlerischen Vergnügen des Autors und der Leser, auch der allgemeinen Belehrung. Texte sind niemals Spiegelbild von Lebenswirklichkeit, weder Erlebnis- noch Bekenntnisdichtung – Liebesbegriff der barocken Kunst enthält sinnlich-erotische Akzente; Freuden der Sexualität werden als Geschenk begriffen, Askese ausdrücklich verneint – Körperlichkeit ist wichtige Komponente in Literatur und Malerei.

Die Gedichtform und ihre Funktionen

- Das Opitz-Gedicht ist als Lied metrisch, mit Kreuzreim streng gebaut; Reimfolge und syntaktische Einheit legen eine Strophengliederung nahe, Opitz hat sie nicht vorgenommen. Mögliche Strukturierung nach inhaltlichen Kriterien: Z. 1–4 als appellative Anrede (Imperativ), d. h. Aufforderung zur Liebe und deren Begründung – Z. 5–16: These von

Vergänglichkeit der jugendlichen Schönheit an konkreten Beispielen (Exempel-Reihe) erläutert – Z. 17–20: Schlussfolgerung (*conclusio*) aus dem geschilderten Sachverhalt; mit Z. 17 f. die Wiederaufnahme des Appells von Z. 1 (Imperativ „laß uns eilen"), also kunstvolle Rückkehr zum Textbeginn. Das Gedicht könnte mit Z. 20 enden, aber Z. 21–24 liefern zusätzliches Überredungsargument. Struktur entspricht dem ausgeklügelten rhetorischen Aufbau des Textes. Durch Kurzzeilen und knappe Sätze (Zeilenstil) bekommt das „Lied" rhythmische Dynamik, drängendes Sprechtempo und überredende Eindringlichkeit: appellierender Sprachduktus.

- Hoffmannswaldaus Gedicht weist strenge Sonettform auf (im Barock äußerst beliebt). Klarer tektonischer Aufbau: zwei Quartette mit umarmenden Reimen (*abba*), zwei Terzette mit Schweifreim (*ccd – eed*). Der sechshebig jambische Vers (Alexandriner) ist weiter ausholend, oft Zäsur in der Zeilenmitte (Z. 5, 6, 9, 10), was Hoffmannswaldau kunstvoll variiert. Lange Sätze mit ausschmückenden Adjektiven verzögern das Tempo, führen zu bedächtigem epischen Lesen: reflektierender Sprachduktus. Der Text will nicht überreden, sondern überzeugen.